快乐汉语 ①
教师用书

编　者　李晓琪　罗青松　刘晓雨
王淑红　宣　雅

人民教育出版社

教材项目规划小组

严美华　　姜明宝　　张少春
岑建君　　崔邦焱　　宋秋玲
赵国成　　宋永波　　郭　鹏

图书在版编目（CIP）数据

快乐汉语教师用书. 第 1 册/国家汉办组编. —北京：
人民教育出版社，2003. 11（2014. 3 重印）
ISBN 978－7－107－17131－4

Ⅰ.①快…　Ⅱ.①国…　Ⅲ.①汉语—对外汉语
教学—教学参考资料　Ⅳ.①H195. 4

中国版本图书馆 CIP 数据核字（2013）第 225382 号

人民教育出版社出版发行
网址：http://www.pep.com.cn
人民教育出版社印刷厂印装　全国新华书店经销
2003 年 11 月第 1 版　2014 年 3 月第 8 次印刷
开本：890 毫米×1 240 毫米　1/16　印张：9.75　字数：177 千字
定价：51.00 元
如发现印、装质量问题，影响阅读，请与本社出版科联系调换。
（联系地址：北京市海淀区中关村南大街 17 号院 1 号楼　邮编：100081）
Printed in the People's Republic of China

编写说明

　　本教材使用对象是以英语为母语的11-16岁中学生。全套教材分为三个等级（第一册、第二册和第三册），每个等级有课本（学生用书）和配套的教师用书、练习册、生字卡片、词语卡片、教学挂图、CD等。每册可使用一学年，参考学时为90-100学时，使用者可根据学生以及课堂教学具体情况进行调整。

　　教材内容（话题、汉字、词语、语法项目、文化点等）和练习项目（听、说、读、写等各项语言技能训练）的设置参照了部分英语国家的中学汉语课程大纲和考试大纲，并根据基本交际的需要以及课堂教学的特点，进行了系统的调整与补充。

1 等级划分

1.1 基本分级

　　第一册：汉字180个，生词171个，句型93个。
　　第二册：汉字206个，生词203个，句型123个。
　　第三册：汉字206个，生词280个，句型123个。

1.2 对等级划分的说明

1.2.1 以上等级划分中汉字数量是指达到认读要求的汉字，要求会写的汉字略少，约占认读总数的70%-80%。

1.2.2 本着教材内容贴近学生生活，引起学生兴趣以及满足基本交际需要的原则，本教材特别注重日常交际中使用频率高、实用的词语和句型。

1.2.3 本教材的语法项目，是根据话题交际的需要而确定的。语法项目在各个单元、各个等级的分配，一是根据语言项目本身的难易程度，二是根据话题表达的需要，三是根据每篇课文的教学容量。

2 编写原则

　　本教材体现针对性、系统性、科学性、趣味性以及独创性原则。

2.1 针对性：使用对象明确定为母语为英语的中学学生。

2.2 系统性：教材在话题、汉字、词语、语法等语言项目以及听、说、读、写、译各项言语技能上都有系统的安排和要求。

2.3 科学性：课文语料力求自然、严谨；语言点解释科学、简明；内容编排循序渐进；注重词语、句型等教学内容的重现率。

2.4 趣味性：内容丰富，贴近学生生活；练习形式多样；版面活泼，色彩协调美观。

2.5 独创性：本教材充分遵照汉语自身的特点，充分体现该年龄阶段（11-16岁）的中学生的学习心理与语言认知特点；充分吸收现有中学外语教材的编写经验，在教材体例、课文编写以及练习设计等方面都力求改进、创新。

3 教材内容

3.1 话题

本教材以话题为主线。每册有8个单元，每个单元涉及1-2个相关话题，如第一册的单元话题有"我的家""学校生活""时间和天气"等。每个单元包含3篇课文，全册共24篇课文。如"学校生活"单元的3篇课文是"中文课""我们班"和"我去图书馆"。全套教材3册，共24个单元，72篇课文。每册书的课文都涵盖了本套教材涉及到的各主要话题，并根据等级不同，对相同的话题在语言内容上逐步拓展，表达形式上逐步丰富，难度上逐步推进。这种"全面覆盖""螺旋上升"的编排形式，使学生在学完第一册或第二册后，也可参加相应的考试。同时，也方便有一定的汉语学习背景的学生，直接从第二册或第三册开始学习。对一些根据主话题拓展的子话题，则考虑到各册教材的容量和学生的接受能力，进行了分级。如"教育、培训、就业"专题，在第一册中，只涉及学校教育和日常活动，到第三册才涉及到某些与工作有关的话题。

3.2 语法

本教材考虑到学生的年龄特点、学习进程、学习目标等，在学生用书中，基本不涉及语法概念。但是在编写中，通过话题内容的安排，引导学生掌握汉语的基本表达形式。具体做法是：每篇课文根据话题交际的需要选择相应的句型或语言点，编排时则基本以重点句型为课文题目，以突出本课语言训练重点。练习设计也注意通过反复训练，让学生自然领悟一些汉语语法规则，并能够在表达时模仿运用。同时，在每个单元后安排了一个简明的单元小结，对本单元学习的重点句型进行了较为概括的描述，并列举了一些典型的例句。其作用是针对性地帮助学生巩固、复习一个单元的主要语言项目，方便教师进行阶段性的教学总结。在教师用书中，则对课文中涉及的语法现象进行解释、说明，尤其对一些与英语差异较大，或学生不易掌握的语言点，进行必要的教学提示。编写语法说明的目的是方便教师备课，并不是全面的汉语语法解释。

3.3 语音

本教材不单独设置语音学习单元，而是随着词语、句子的学习逐步练习正确发音。同时，为方便教师根据需要在课堂上进行语音指导训练，每册教材都附上《普通话声母韵母拼合总表》。

汉语拼音是学生学习汉语的重要手段，本教材尽量利用英语中与汉语语音相对应的形式进行引导训练。对汉语较难发的音，在教师用书中作一定的提示，引导学生逐步掌握汉语拼音及其拼写规则。

考虑到该年龄段学生语音模仿能力强，是学习正确发音的良好时机，在基本的语言学习内容之外，本教材还适当安排了一些游戏性的语音练习材料供学生练习发音使用，如歌谣、古诗、绕口令、谜语等。这类练习材料有拼音，有汉字，并且配有英文。

3．4 汉字

汉字教学以认读为基本要求，适当选择一部分常用汉字练习书写。原则上每课要求练习书写的汉字5个（第一册少于5个，逐册增加）。学生课本上安排笔画、笔顺的练习。教师用书中，对一些有书写要求的汉字，尽量提供相关的汉字知识或教学材料（图片、故事等），使得汉字教学生动形象。

3．5 言语技能训练

本教材注重学生言语技能的训练。全套教材每篇课文的练习形式都包含"听、说、读、写、译"五个基本项目。

4 教材结构

本教材除学生用书、教师用书和练习册外，还配有汉字卡片（附在教师用书后）、词语卡片以及教学挂图、CD等辅助教学材料。

4．1 学生用书
4.1.1 内容编排体现教学的基本步骤。

内容编排上打破传统汉语教材在每课内容编排上只是将课文、生词、练习等机械排列的做法，而是在编排上体现教学步骤与训练方式，贴近实际课堂教学，便于教师课堂操作。
4.1.2 课文内容富有趣味性，现实性。

选材生动活泼、话题真实可感，能激发和调动学生的想象力和创造性。
4.1.3 练习形式多样。

注意学生的年龄特点和语言学习的特点，练习设计鼓励学生的参与意识，练习形式富有互动性、合作性。
4.1.4 丰富的文化含量。

注意引导学生在学习汉语的同时，了解中国的基本情况，如主要城市、名胜古迹、节日、传统习俗、社会生活等。此外，本教材还根据需要配以具有中国特色的图片（剪纸、泥塑、国画、实景照片等），以形成教材文化方面的特色。

4．2 教师用书

既适合母语为汉语的教师使用，也适合母语为非汉语的教师使用。
4.2.1 提示每课的教学步骤、训练方法及练习答案。
4.2.2 充实、拓展教学材料。在学生课本的基础上，对教学内容、各项练习加以丰富。设计的练习在内容上有一定弹性，在难度上则有适当的阶梯性，可以供教师根据学生兴趣、水平和学时安排等具体情况进行选用。
4.2.3 提示语言知识点。对一些语言点、词语运用规则以及语音等方面的问题，进行解释，并做出相应的教学提示。考虑到汉字教学是对外汉语教学的难点，为了帮助教师指导学生学习汉字，本书将基本汉字知识分为十六个要点，分布在第一、二

册的十六个单元进行了简明介绍。

4.2.4 提示文化背景。对一些涉及中国文化的知识点，进行解释说明，并配有英文翻译。

4.2.5 提供单元测试题。测试内容既对本单元的话题、句型以及词语等方面的内容进行总结，又在测试形式上尽量与中学外语测试题的形式靠拢，以便使学生逐步适应考试要求。

4.3 练习册

既是教师课堂教学的补充材料，也可以作为学生的课后作业。

4.3.1 练习项目覆盖学生用书的全部内容。语音、汉字、词汇、句子以及在一定语境下的交际练习都在练习册的设计范围之中。

4.3.2 练习形式变化多样。变换练习形式，目的是更充分地调动学习者的积极性。

4.3.3 注意启发引导学生的潜能。有些练习超越了学生用书的内容，如根据偏旁组成汉字和汉字书写等。希望通过这样的练习，给学习者挑战，激发他们的潜能。

4.3.4 每课的练习容量大，为教师提供方便。每课的练习题目平均为10到12个，每个题目的类型都不同，教师和学生有较大的选择自由度。

4.4 其他辅助材料

为方便使用本套教材进行课堂教学，加强教学效果，本教材还设计了相关的辅助教学材料。

4.4.1 教学挂图：共8张，包括数字、时间、日期、天气、食物、房间、用品等主题。

4.4.2 词语卡片：每册提供若干易于表示形象的词语卡片（一册102个，二册127个，三册93个），帮助教师在教学中指导学生认读生词、领会词义、练习发音使用。

4.4.3 汉字卡：每册提供要求书写的全部汉字卡，汉字卡上有读音、书写运笔方向和笔顺的提示，供学生练习汉字书写使用。

4.4.4 CD：包括三册所有课文中的生词、句型、课文及听力练习的录音。

为中学生编写趣味性强，同时又较好体现出第二语言学习规律的汉语教材，是一种创造性的劳动。本教材一定还有需要改进和提高的方面，编写组欢迎使用者提出修改意见。

《快乐汉语》编写组
2003 年 5 月于北京

目 录

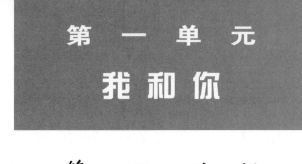

第 一 单 元
我 和 你

第一课　你　好

教学目标

交　际　话　题：见面打招呼。
语　言　点：你好。
　　　　　　你好吗？
　　　　　　我很好。
生　　词：你　好　吗　我　很
汉　　字：你　很　好
语　　音：a　o　e

　　关于汉语语音方面的内容，我们在一到九课中给出全部的声母和单韵母，并配了适当的音节练习。复韵母不单独练习，而是通过十课以后的课后语音练习进行。

一、基本教学步骤及练习要点

（一）导入：
（1）让学生看句型展示图1后说说图中的人在干什么。步骤如下：
用英文打招呼怎么说？
用中文打招呼是："你好。"
集体领读几遍。
别人跟我们打招呼，用英文怎么应答？
别人跟我们打招呼时，用中文应答也是："你好。"
（2）让学生看句型展示图2。
见到朋友时，除了用"你好"打招呼，还可以进一步问候。步骤如下：
① 问候朋友时用英文怎么说？
问候朋友用中文是："你好吗？"
集体领读。
让每个学生说一遍："你好吗？"
② 用英文怎么应答朋友的问候？
用中文应答是："我很好。"

集体领读。

让每个学生说一遍："我很好。"

（二）做练习1，老师依次说："你好！""你好吗？""我很好。"要求学生听懂后用中文重复。练习目的是通过听和重复，把发音和意思联系起来。本课3个句型轮流说几遍。

（三）做练习2，练习目的是通过看和朗读，把汉字和发音联系起来。

（四）做练习3，练习目的是用正确的方式打招呼。

（1）老师用"你好"和"你好吗"轮流提问学生，要求学生用正确的方式快速应答。

（2）每个学生轮流跟其他同学打招呼。和别人第一次见面不能说："你好吗？"

（五）做练习4，把相应的中文和英文用线连起来。练习目的是认读本课生词。如果做进一步练习，参考"练习与课堂活动建议"中的"猜字"练习。

（六）做练习5，朗读并把句子翻译成英文。这是一项综合练习，练习目的是认读本课汉字，巩固发音，并掌握句型意思。

（七）做练习6，写"你、很、好"。步骤如下：

写每个字之前，老师按照笔顺在黑板上示范，学生先用手在空中跟着一笔一笔地画。

问学生注意到没有：写一个汉字的时候，从哪儿起笔？(先上后下，先左后右)

让学生数每个字有几笔。这部分练习不是让学生准确地知道汉字的笔画数量，只是加深对每一笔的印象，所以答案不要求太严格。

学生看书上的笔顺展示，每个字用手画几遍。

复印练习纸给学生，让学生自己写。

（八）做练习7，发音练习。老师示范，学生跟读，边读边用手"画"声调。

二、练习与课堂活动建议

（一）做"猜字"练习。

老师把本课生词做成汉字卡。

老师轮流出示汉字卡，让学生认读几遍。

接着老师拿好汉字卡，学生猜最上边的卡上写的是哪个字。

学生猜过后，老师出示卡片，让学生辨认猜得是否正确。

猜中者可上前代替老师拿汉字卡，让其他同学猜。

（二）准备粗笔和各种颜色的彩色纸片，让每个学生写"你好"，贴在教室各个地方。

三、语言点与背景知识提示

（一）形容词谓语句

形容词谓语句是汉语中常见的句式，比如：

你好。

汉语难。

形容词前面常常加表示程度的副词，如"很"。

我很好。

衣服很漂亮。

否定的形式是在形容词前面加"不"。

他不高。

字不清楚。

注意：形容词作谓语，前面一般没有"是"。以下句子如果单独出现是错误的：

×汉语是难。

×我是很好。

×他是不高。

（二）带"吗"的疑问句

在陈述句后面加上"吗"就是一般的疑问句。

你好吗？

汉语难吗？

你是英国人吗？

（三）汉语有四个声调，当两个第三声的字在一起时，第一个字的声调要变成第二声。比如：

nǐ hǎo　　ní hǎo　　　　　shǒu biǎo　　shóu biǎo
你 好——你 好　　　　　手 表——手 表

yǔ shuǐ　　yú shuǐ　　　　Xiǎo Lǐ　　Xiáo Lǐ
雨 水——雨 水　　　　　小 李——小 李

（四）"你好"是最常见的打招呼用语，可以对初次见面的人说，也可以对熟悉的人或以前认识的人说，适用于一天中的任何时间。

"你好吗？"用于和熟悉的人或以前认识的人打招呼。

第二课 你叫什么

教学目标

交 际 话 题：问名字和国籍。

语 言 点：你叫什么？

我叫李小龙。

你是哪国人？

我是中国人。

生 词：叫 什么 是 哪 国 人 中国
英国 美国

汉 字：中 国 人

语 音：i u ü

一、基本教学步骤及练习要点

（一）导入：引导学生看句型图，介绍本课要学习的两组对话：一组是问人的名字，一组是问人的国籍。

（二）做练习1，听录音，按照先后顺序把序号写在听到的词语下边。练习目的是熟悉生词的发音和意思。

（三）做练习2，老师带读。

（四）做练习3，按照录音内容把数字标在头像旁边。

（五）做练习4，做对话练习。老师先和某一学生做对话示范。然后老师依次和学生进行对话。最后让学生两人一组进行对话。

（六）做练习5，把汉字与相应的英文或图案用线连起来。练习目的是认读本课生词。进一步认读参考第一课"猜字"练习。可按生词表做字卡或词卡，让学生猜字或猜词。

（七）做练习6，翻译句子。

（八）做练习7，写"中、国、人"。

老师在黑板上示范，学生用手跟着画。

学生数笔画。

复印练习纸，让学生自己练写。

（九）做练习8，语音练习。

老师示范，学生跟读，边读边用手"画"声调。

附：录音文本和答案

（一）练习1
①人　②叫　③国　④什么　⑤英国　⑥哪　⑦是　⑧中国　⑨美国

（二）练习3
（1）你好，你叫什么？
　　　我叫Tom。
　　　你是哪国人？
　　　我是英国人。
（2）你好，你叫什么？
　　　我叫小红。
　　　你是哪国人？
　　　我是中国人。
（3）你好，你叫什么？
　　　我叫李小龙。
　　　你是哪国人？
　　　我是中国人。
（4）你好，你叫什么？
　　　我叫Mary。
　　　你是哪国人？
　　　我是美国人。
　　答案：a. 3　b. 2　c. 1　d. 4

二、练习与课堂活动建议

（一）让每个学生在纸上画个脸的轮廓，上面写上假想的人物名字和国籍，然后用纸蒙上脸，任意找人对话。问答双方要求用：

你好。　　　　　　　　　你好。
你叫什么？　　　　　　　我叫……
你是哪国人？　　　　　　我是……（国）人。

如果学生感到对话困难，老师把句型用板书或卡片展示出来作为提示。

（二）你想有个中文名字吗？请老师根据你的姓的发音找一个中国人常用的姓，根据你名字的发音或你喜欢的意思起一个名，这样你就有一个中文名字了。

三、语言点与背景知识提示

（一）带"什么"和"哪"的特殊疑问句
汉语中用疑问词提问的疑问句，要问的和要回答的信息位置是一样的，比如：

你叫<u>什么</u>？
我叫<u>李小龙</u>。

你吃<u>什么</u>？
我吃<u>面包</u>。

你姓<u>什么</u>？
我姓<u>王</u>。

你是<u>哪国</u>人？
我是<u>中国</u>人。

你喜欢<u>哪个</u>菜？
我喜欢<u>这个</u>菜。

你<u>哪天</u>走？
我<u>今天</u>走。

（二）轻声
某个字在词语中念得短而弱，失去了原有的声调，这叫轻声。比如 （画线的是轻声字）：

什<u>么</u>   你好<u>吗</u>   这<u>个</u>   我<u>们</u>   东<u>西</u>

（三）简化字和繁体字
汉字的笔画在古代和现代有不少变化。现在在中国大陆以简化字为规范汉字，比如"国、个、语、里、么"等等。香港、澳门、台湾和海外的华人社区多采用繁体字，比如"國、個、語、裏、麼"等等。

（四）中国人的姓名
中国人的名字实际上包括"姓"和"名"两个部分。
中国人把姓放在名的前面，表示对祖先的尊重。
名字一般都有意义，表达了父母对孩子的希望，比如男孩子的名字中常用表示强壮、勇敢、聪明等等的字，女孩子的名字中常用表示美丽、可爱、纯洁、温柔的字。
初次见面的人一般不直接叫名字，而是在姓的后面加表示职位、职业或称呼的名词，比如：王部长、张老师、刘先生等。只叫名字的情况一般出现在熟人之间或长辈称呼晚辈的时候。

Chinese People's Names

Chinese people's names actually comprise two parts, a surname and a first name.

Chinese people put the family name before the first name, as a sign of respect for a person's ancestors.

In general, first names have a meaning, expressing parents' aspirations for their children. For example, boys' first names often use characters meaning strong, courageous, intelligent, etc. In girls' first names there are often characters meaning beauty, lovely, pure, gentle.

When meeting a person for the first time, first names are not usually used straight away. Rather surnames are used followed by a form of address indicating profession, job position, or kinship. For example, Wáng bùzhǎng (Head of Department Wang), Zhāng lǎoshī (Teacher Zhang), Liú xiānsheng (Mr. Liu) etc. People usually address each other by first name alone if they are friends, or if an older person is addressing a younger person.

第三课　你家在哪儿

教学目标

交 际 话 题：问居住的城市。
语　言　点：你家在哪儿？
　　　　　　我家在北京。
生　　　　词：家　在　哪儿　北京　上海　香港　他
汉　　　　字：我　在　北　京
语　　　　音：b　p　m　f

一、基本教学步骤及练习要点

（一）导入：展示中国地图。领读"北京、上海、香港"三个词，让学生熟悉照片。

（二）做练习1，听录音，在照片上标号码，练习目的是熟悉这三个地名。

（三）做练习2，朗读，练习目的是掌握生词和句型的发音。

（四）做练习3，听录音，按照内容把人物和城市联系起来。练习目的是把这三个主要城市的发音、意思和汉字联系起来。

（五）做练习4，练习目的是掌握本课的句型。

复印英国地图。

老师问一个学生："你家在哪儿？"学生回答："我家在……"地名可用英文说。

全体学生依次进行。

然后让学生两人一组进行对话。

（六）做练习5，把汉字与相应的英文或图案用线连起来。练习目的是认读本课生词。先做连线练习。可参考第一课进一步做"猜字"练习。

（七）做练习6，朗读并翻译。

（八）做练习7，写"我、在、北、京"。

老师在黑板上示范，学生用手跟着画。

提醒学生先上后下，或先左后右。

学生数笔画。

复印练习纸，让学生自己写。

（九）做练习8，发音练习。

老师示范，学生跟读，边读边用手"画"声调。

（十）教师用书练习说明。

（1）练习1"听和说"，目的是练习听力，并结合说的练习，复习学过的句型。
根据录音内容，在相应的人物旁的横线上用拼音或英文写出他居住的城市。
老师示范，根据练习答案的提示做对话，问姓名、国籍、居住地。
学生两人一组按照练习答案进行对话。
（2）练习2"根据图示进行对话"，练习目的是提高会话水平。
向学生说明图示的意思：

    招手＝你好
    英国国旗 ＋ ？ ＝你是哪国人？ / 你是英国人吗？
    英国国旗＝我是英国人。
    房子 ＋ ？ ＝你家在哪儿？
    房子＝我家在……

这是根据学生实际情况进行的对话，名字和地名可用英文说。

附：录音文本和答案
（一）练习1
（1）北京　　　　　　（2）香港　　　　　　（3）上海
（二）练习3
（1）明明，你家在哪儿？
　　　我家在上海。
（2）小红，你家在哪儿？
　　　我家在香港。
（3）丽丽，你家在哪儿？
　　　我家在北京。

二、练习与课堂活动建议

（一）听和说。

    Xiǎohóng
（1）小红

_____

（2）Mary

_____

    Míngming
（3）明明

_____

9

（二）根据图示进行对话。

（三）朗读下面的一段话，并仿照这段话介绍自己。
你好。我叫丽丽。我是中国人。我家在北京。

附：录音文本

（1）你好。　　　　　　　——你好。
你叫什么？　　　　　——我叫小红。
你是哪国人？　　　　——我是中国人。
你家在哪儿？　　　　——我家在香港。

（2）你好。　　　　　　　——你好。
你叫什么？　　　　　——我叫Mary。
你是哪国人？　　　　——我是英国人。
你家在哪儿？　　　　——我家在London。

（3）你好。　　　　　　　——你好。
你叫什么？　　　　　——我叫明明。
你是哪国人？　　　　——我是中国人。
你家在哪儿？　　　　——我家在上海。

三、语言点与背景知识提示

（一）带"哪儿"的特殊疑问句

用"哪儿"提问的疑问句要问的和要回答的信息位置也是一样的，回答时直接把信息放在"哪儿"的位置上。比如：

（1）你家在<u>哪儿</u>？　（2）这是<u>哪儿</u>？　（3）<u>哪儿</u>有邮局？
我家在<u>北京</u>。　　　这是<u>火车站</u>。　　　<u>商店的旁边</u>有邮局。

（二）儿化

汉语普通话里有两个"儿"字。

一个有具体的意义。比如"儿童""幼儿"中的"儿"。

另一个是没有具体意义的后缀，在语音上不能自己成为一个音节。比如："花儿""小孩儿"中的"儿"，这种现象叫"儿化"。用汉语拼音表示儿化的方法是在原来的韵母后面加上r，比如：花儿huār，小孩儿xiǎoháir。

多数情况下，一个词儿化以后，基本的意义是"小"，表达了说话人喜爱的情感。

（三）汉字简介

汉字是汉民族从古到今使用的记录语言的符号，是形、音、义的统一体，比如"您"字，"您"是字形，"nín"是字音，字义是"你的敬称"。这种形、音、义一体的汉字，称为表意文字，它与只记录发音的拼音文字是很不相同的。

汉字发展的时间很长，已经有三千多年历史了。在发展过程中，汉字的字体和字形都发生了很大变化，比如"马"字。

甲骨文－金文－小篆－隶书－楷书繁体－楷书简体

（四）北京、上海和香港

北京是中国的首都，是著名的文化古城，汉语普通话以北京语音为标准音。

北京五十万年前就有古人类居住，京西有一万八千年前古人类生活的遗迹。北京的建城历史有三千多年，并作过八百年的都城，名胜古迹非常多，有明清皇宫"故宫"，有明清皇帝祭天的地方"天坛"，有皇家园林"颐和园"，有古代伟大的工程"长城"，有明朝帝后的陵墓"十三陵"，还有许多公园、博物馆和自然风景区。

北京的春夏秋冬非常明显，春天干燥多风，夏天气温很高，秋天秋高气爽，是最好的季节，冬天干燥寒冷。春秋两季很短，夏冬相对较长。

Beijing is China's capital, well known as an ancient city of culture. The standard Chinese *putonghua* uses Beijing pronunciation.

Prehistoric humans lived here as long as 500,000 years ago, and in West Beijing can be found 18,000 year-old remains of human habitation. The city of Beijing has a history of over 3,000 years, of which 800 years as a capital. Beijing has many famous historic sites, such as the Forbidden City, the Temple of Heaven for the emperors' sacrificial offerings, and the imperial family's park, the Summer Palace. Beijing also possesses magnificent examples of engineering, such as the Great Wall, and the Thirteen Tombs of the Ming Emperors, along with many parks, museums and areas of natural beauty.

Spring, summer, autumn and winter in Beijing are very different. Spring is very dry and windy. Summer is humid and stifling hot. In autumn the sky is clear and the air is crisp, it is the best season, while winter is dry and icy cold. Spring and autumn are very short, while summer and winter are longer.

上海是中国重要的工商业和金融中心，也是主要的对外贸易口岸，工业、商业、对外贸易等都十分发达。居民多说普通话和上海话。

上海位于长江入海口，地势低平。气候温和湿润，四季分明。冬天气温一般不低于零摄氏度。

Shanghai is one of China's important commercial and financial centers, and also an important port for international trade. Industry, commerce and trade are very well developed. The majority of people speak *putonghua* and Shanghai dialect.

Shanghai is situated on a low lying plain where the Yangtze River reaches the sea. The climate is warm and humid, with four distinct seasons. Winter temperatures are usually no lower than zero degrees Celsius.

香港是亚太地区的自由贸易港和交通、金融中心之一，有"购物天堂"之称。居民主要说粤语，部分人也使用普通话或英语。

Hong Kong is China's Pacific Rim independent free trade port and a financial and communication center, and is known as a "shoppers' paradise". People mainly speak Cantonese, while some also speak *putonghua* or English.

第一单元测验

1. 听录音，在相应的图片旁边画√。

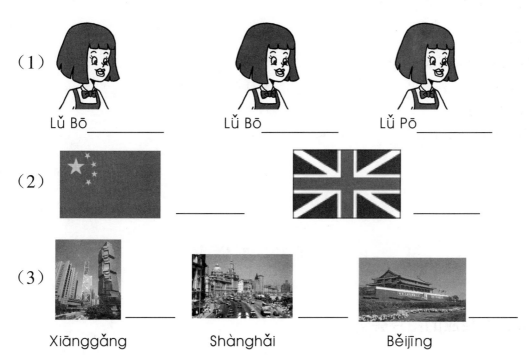

(1)

Lǔ Bō _____   Lǔ Bō _____   Lǔ Pō _____

(2)

_____   _____

(3)

_____   _____   _____

Xiānggǎng   Shànghǎi   Běijīng

2. 说一说你自己的名字、国籍和居住的城市。

参考词语：叫、是、在

3. 朗读。

Wǒ jiào Lǐ Xiǎolóng, wǒ shì Zhōngguórén, wǒ jiā zài Xiānggǎng.
我 叫 李 小龙，我 是 中国人，我 家 在 香港。

4. 写汉字。

nǐ hǎo（hello）_____

Zhōngguó（China）_____

wǒ（I; me）_____

5. 翻译。

A. 把中文翻译成英文。

Nǐ shì nǎ guó rén?
（1）你 是 哪 国 人？

13

（2）你 家 在 哪 儿？

Nǐ hǎo ma?

（3）你 好 吗？

B. 把英文和相应的拼音用线连起来。

Hello.	Wǒ shì Zhōngguórén.
My name is Xiaolong.	Nǐ jiā zài nǎr?
I'm fine.	Wǒ hěn hǎo.
I'm Chinese.	Nǐ hǎo.
Where do you live?	Wǒ jiào Xiǎolóng.

第一单元测验部分答案

1. 听录音，在相应的图片旁边画√。

（1）你好。　　　　　　你好。
　　 你叫什么？　　　　我叫吕波（Lǚ Bō）。
（2）你是哪国人？　　　我是英国人。
（3）你家在哪儿？　　　我家在上海。

4. 写汉字。

你好
中国
我

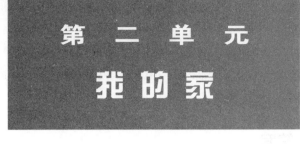

第四课　爸爸、妈妈

教学目标

交 际 话 题：谈家庭成员。
语 言 点：这是我爸爸，那是我妈妈。
　　　　　　这是我。
生　　　词：这　那　爸爸　妈妈　哥哥　姐姐　不
汉　　　字：这　那　爸　妈
语　　　音：d　t　n　l

一、基本教学步骤及练习要点

（一）导入：教师与学生简单谈谈家庭成员，教师可准备自己的家庭照片，或其他家庭的照片，里面最好有与本课生词相关的人物，如"爸爸""妈妈""姐姐""哥哥"等，把学生引导到本课的特定情境中，并熟悉本课的话题，同时明确本课的学习任务。

（二）学习生词：教师出示本课首页的主情景图，让学生听本课生词录音，掌握每个生词与课文人物的对应，同时熟悉生词的汉语发音。

（三）教师领读生词，让学生把本课的人物形象和生词对应起来，同时熟悉本课的人物。

（四）做练习1和2，使学生在听到生词的汉语发音后，可以与卡通人物形象联系起来，掌握每个生词的发音和意义。

（五）教师带领学生朗读练习3和4，并纠正学生的发音，目的在于让学生在模仿中掌握本课的生词与句式。

（六）导入"这"与"那"（见本课"语言点与背景知识提示"）。教师可以请一个学生协助。教师手持"爸爸"头像，与学生保持一定距离站立，学生手持"妈妈"头像，教师读出："这是爸爸。""那是妈妈。"然后与学生交换头像，读出："这是妈妈。""那是爸爸。"使学生理解"这"与"那"的近指与远指作用。

（七）做练习5和6，目的在于使学生对"这／那 ＋ 不是 ＋ 宾语"的句型有所了解并运用到会话中。在做完练习6之后，可以让学生分成小组，用本练习的句型，做简单的问答会话练习。

（八）做练习7，这是一项综合练习，目的是使学生在学习了本课的生词与句型之后，能够尝试着用汉语描述家庭成员。

附：录音文本和答案

（一）练习1

（1）爸爸   （2）我   （3）妈妈   （4）姐姐   （5）哥哥

（二）练习2

（1）我   （2）妈妈   （3）哥哥   （4）姐姐   （5）爸爸

（三）练习4

（1）5   （2）4   （3）2   （4）1   （5）3

（四）练习6

（2）B：那是李小龙。

（3）B：这是我妈妈。

（4）A：他是英国人吗？

     B：他不是英国人，他是中国人。

二、练习与课堂活动建议

* **练习**

（一）找拼音。

（1）姐姐 _____ nà

（2）这 _____ bàba

（3）妈妈 _____ zhè

（4）哥哥 _____ māma

（5）那 _____ jiějie

（6）爸爸 _____ gēge

（二）连线。

（1）zhè   father

（2）wǒ   mother

（3）gēge   elder sister

（4）māma   elder brother

（5）bàba   I; me

（6）jiějie   this

（7）nà   that

（三）看英语，完成句子。

（1）_____是中国人。（you）

（2）_____是Ann。（that）

（3）_____是我。（this）

（4）他是我_____。（father）

（5）_____是我哥哥，他是_____。（this）（Chinese）

（6）_____是我姐姐，我姐姐_____香港。（that）（to be at / in）

（7）_____是我妈妈，我妈妈_____北京。（this）（to be at / in）

（四）看图说话。

A：你好！   A：我叫Mike。
B：你好！   那是你妈妈、爸爸吗？
A：你叫什么？   B：那是我妈妈、爸爸。

B：我叫丽丽。你叫什么？

A：你好！   A：_____小海。
B：_____！   这是你哥哥、姐姐吗？
A：你叫什么？   B：_____。

B：_____ Mary。你叫什么？

17

18

附：练习答案

（一）练习1

（1）jiějie

（2）zhè

（3）māma

（4）gēge

（5）nà

（6）bàba

（二）练习3

（1）你是中国人吗?（you）

（2）那是Ann。（that）

（3）这是我。（this）

（4）他是我爸爸。（father）

（5）这是我哥哥，他是中国人。（this）（Chinese）

（6）那是我姐姐，我姐姐在香港。（that）（to be at / in）

（7）这是我妈妈，我妈妈在北京。（this）（bo be at / in）

* **课堂活动建议**

（一）按照学生做练习1和2的成绩，将本课家庭成员头像分发给学生。成绩好的学生可以选择自己喜欢的人物，得分最高的学生可以优先扮演"我"，其他学生自己选择扮演"爸爸""妈妈"等家庭成员。由"我"向全班做介绍，目的在于进一步掌握生词和句型。

（二）关于"这""那"的练习：让学生分别手持家庭成员角色卡片，当"我"读出"这是我哥哥"时，手持"这""是""哥哥"的学生要迅速跑到"我"的周围；当"我"读出"那是我姐姐"时，手持"那""是""姐姐"的学生要迅速跑到远离"我"的位置；跑错位置的学生下场，由其他学生替代。

三、语言点与背景知识提示

（一）这：与英语中的this意思相近，指代较近的人或事物。如：
这是我妈妈。这是我哥哥。这是李小龙。

（二）那：与英语中的that意思相近，指代较远的人或事物。如：
那是我爸爸。那是他妹妹。那是成龙。

（三）我爸爸

注意：在汉语口语里，"我、你"等代词可以直接用在表示亲属关系的名称之前，不用加"的"。在这里"我"相当于英语的my，如：
我妈妈 我哥哥 我奶奶

（四）中国的家庭

在中国文化中，重视家庭是一个非常重要的传统。传统的中国家庭结构比较庞大，家庭成员众多，有很多三代甚至三代以上同堂的大家庭。在这些家庭中，祖孙同居一处，家庭成员之间彼此尊重，家庭关系融洽。随着城市化进程的加快和现代生活方式的渗透，中国家庭的规模在逐渐缩小，只有父母与子女组成的核心家庭正在成为主流家庭模式。

The Chinese Family

Chinese culture traditionally attaches a great deal of importance to the family. The Chinese family is typically quite extensive. family members are numerous and there are many households with three or more generations living together，grandparents and grandchildren under the same roof. In Chinese households，family members are very respectful of each other，and family relationships are harmonious. As urbanization continues to accelerate and as modern lifestyles begin to take hold，the Chinese household is gradually shrinking in size. The nuclear family comprising only parents and child is becoming the mainstream style of household.

第五课　我有一只小猫

教学目标

交 际 话 题：谈宠物。

语 言 点：我有一只小猫。

生 词：有　猫　狗　只　小　一
二　两　三　四　五　六

汉 字：只　小　一　六

语 音：g　k　h

一、基本教学步骤及练习要点

（一）导入：教师引导学生谈谈自己家中的宠物，向学生介绍本课的规定情景，熟悉本课话题，明确本课的学习任务。

（二）学习生词：教师出示第四课的家庭成员的图片，同时出示"猫"和"狗"以及数字手语的图片，让学生听录音或听教师读生词，熟悉本课生词的汉语发音。

（三）教师出示生词卡并领读生词，让学生把本课的图片形象和生词对应起来。请教师注意纠正学生的发音。

（四）讲解中国人的数字手语表示法。

（五）做练习1和2。练习目的在于使学生掌握生词的发音与意义，并建立汉字与实物的联系。

（六）朗读练习3，为导入量词"只"做准备。

（七）导入量词"只"。对比英语与汉语在使用数量词时的异同：英语中在不可数名词前使用量词，或者在一些固定说法中使用量词；而汉语中一般在数词与名词之间使用量词。如："一____猫""两____狗"，汉语中必须使用量词"只"（"狗"的前面也可以用"条")。教师可以出示本课"猫"与"狗"的卡通图片，用1×"猫"、2×"狗"的方法，让学生说出"数词 ＋ 量词 ＋ 名词"的结构（见本课"语言点与背景知识提示"）。如：六只猫、五只狗、三只猫。

（八）讲练表示领有的动词"有"（"主语 ＋ 有 ＋ 宾语"见本课"语言点与背景知识提示"）。

（九）做练习4。本练习采用由录音引导的方式，使学生首先从声音的角度掌握数量词作"有"的宾语的句子，逐渐从声音上熟悉和掌握汉语数词。

（十）做练习5，逐步掌握本课句型，在语句中增强学生对数字的敏感程度。

（十一）练习6中出现了疑问句，即"主语 ＋ 有 ＋ 宾语 ＋ 吗"的形式，目的在于让学生在对话练习中利用本课的生词和句型连缀成句，激活本课所学的汉语知识。请教师在引导学生完成对话练习后，由教师提问，学生回答；然后让学生分成小组，做问答练习。

（十二）练习7的③目的在于让学生练习使用第三人称描述图片，如："这是他爸爸，他有一只猫。""他爸爸有一只小猫。""这是李小龙，他有一只狗。""李小龙有一只小狗。"

附：录音文本
（一）练习1
（1）只 小 狗 猫 有
（2）三 五 六 两 四
（二）练习4
（1）我有一只小狗。
（2）他有三只小猫。
（3）爸爸有一只小狗。
（4）姐姐有五只猫。
（5）弟弟有一只小狗。
（6）妹妹有四只猫。

二、练习与课堂活动建议

* **练习**
（一）读汉语，写英语。
（1）一   one
（2）猫   _____
（3）狗   _____
（4）有   _____
（5）小   _____
（6）两   _____
（7）五   _____
（8）六   _____

（二）找拼音。

(1) 一　　　　　　　　　　yī
(2) 二　　　　　　　　　　
(3) 三　　　　　　　　　　
(4) 四　　　　　　　　　　
(5) 五　　　　　　　　　　
(6) 六　　　　　　　　　　

sān
wǔ
sì
yī
liù
èr

（三）看手语，写数字。

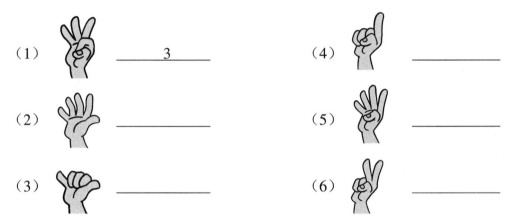

(1) ____3____
(2) _____
(3) _____
(4) _____
(5) _____
(6) _____

（四）连接图片和拼音。

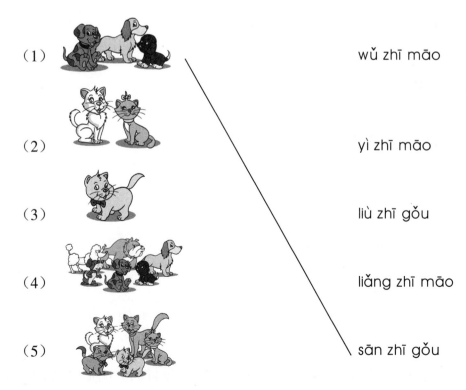

(1)　　　　　　　　　　wǔ zhī māo

(2)　　　　　　　　　　yì zhī māo

(3)　　　　　　　　　　liù zhī gǒu

(4)　　　　　　　　　　liǎng zhī māo

(5)　　　　　　　　　　sān zhī gǒu

（五）看英语，说汉语。

（1）I have a small cat.　　＿＿＿＿＿＿＿＿＿＿＿＿＿＿＿＿＿＿

（2）He has a dog.　　＿＿＿＿＿＿＿＿＿＿＿＿＿＿＿＿＿＿＿＿＿

（3）Tom has five cats.　　＿＿＿＿＿＿＿＿＿＿＿＿＿＿＿＿＿＿＿

（4）Do you have any dogs?　　＿＿＿＿＿＿＿＿＿＿＿＿＿＿＿＿＿

（5）My mother has three cats.　　＿＿＿＿＿＿＿＿＿＿＿＿＿＿＿

附：练习答案

（一）练习1

（1）one

（2）cat

（3）dog

（4）have

（5）small；little

（6）two

（7）five

（8）six

（二）练习5

（1）我有一只小猫。

（2）他有一只狗。

（3）Tom 有五只猫。

（4）你有狗吗？

（5）我妈妈有三只猫。

＊ 课堂活动建议

把"我""有""只""小""猫""狗"以及数字卡片和第四课的家庭成员卡通头像发给学生，由老师用汉语说句子，学生在听到后按照句子顺序排列队形。

参考句子：

（1）我有一只小狗。

（2）爸爸有两只狗。

（3）哥哥有一只小猫。

（4）我妈妈有三只猫。

三、语言点与背景知识提示

（一）有①

"有"表示领有，to have。例如：

我有一只小狗。 I have a little dog.

我有一本书。 I have a book.

我有朋友。 I have friends.

（二）量词"只"

"量词"是汉语中表示数量计算单位的词。

在现代汉语里，数词一般不能直接与名词组合，数词和名词之间通常要加一个量词。量词往往与前面的数词结合起来构成句子成分。

本课的量词"只"用于动物（多指飞禽、走兽），如：一只鸡、两只兔子、一只猫、一只羊、一只鸟。

（三）两

"两"一般用于量词和"百、千、万、亿"等数字单位的前面，如：两只手、两本书、两个月、两千块钱等。

第六课　我家不大

教学目标

交 际 话 题：谈论房子。
语 言 点：他家很大，他家有十个房间。
　　　　　我家不大，我家有五个房间。
生 词：房子　大　个　房间　厨房
　　　　　七　八　九　十
汉 字：子　大　个　有
语 音：j q x

一、基本教学步骤及练习要点

（一）导入：教师引导学生谈自己家的房子，可以出示照片或本课图片，介绍一个房子的布局，并注意引导学生区分"房子"和"房间"的区别。

（二）学习生词：教师用本课"我"家的房子的图片，让学生听录音或听教师读生词，边听边看教师的示意，使学生对本课生词的读音和意义有基本的了解；然后教师领读生词，注意纠正学生的发音。

（三）讲解中国人的数字手语表示法。

七　　　　　八　　　　　九　　　　　十

（四）做练习1，练习目的在于使学生掌握生词的发音、意义和汉字字形的对照。方法：让学生听录音，然后根据听到的内容，将这个生词的序号填写进空格内。

（五）做练习2，目的在于使学生了解生词的汉字词形和拼音形态与英文意思的对应。

（六）练习3为两组扩展和朗读练习，从词到词组再到疑问句，然后扩展到本课的句型。可以在学过生词之后，让学生自己尝试着从词到句，做汉语的认读扩展练习，然后再由教师领读。

（七）导入"主语 + 否定副词 + 表示程度的副词 + 形容词"句型，例如："我家不很大。""不很……"表示程度减弱，"不很大"在程度上弱于"大"和"很大"，但是强于"小"和"很小"，相当于英语的"not very big"。

（八）导入表示存在的动词"有"（见本课"语言点与背景知识提示（一）"）。教师可以用如下方法：

我家	有	五个房间
Ann家	有	七个房间
我房间	有	两只小猫
哥哥房间	有	两只狗

（九）做练习5，本练习不要求学生书写，只是按照图片的提示，模仿例句说出汉语句子。

（十）做练习7，是对本课所学的生词和语法的确认，请教师指导学生完成。教师可以首先做示范，让学生模仿做，然后让学生分小组练习。

（十一）在练习9中，"ju""qu"和"xu"的韵母为"ü"。在汉语拼音拼写规则中，"ü"与"j""q""x"相拼时，"ü"上两点省略，写成"u"。

附：录音文本和答案

（一）练习1

（1）房子　　（2）厨房　　（3）大　　　（4）房间

（5）家　　　（6）个　　　（7）九

答案：

（1）1　　　（2）6　　　（3）3　　　（4）5

（5）2　　　（6）4　　　（7）7

（二）练习5

（2）B：丽丽家不很大。

（3）A: Mike家大吗？

　　　B: Mike家很小。

二、练习与课堂活动建议

＊ 练习

（一）找拼音。

（1）厨房　　　　　chúfáng

（2）家　　　　　_____

（3）大　　　　　_____

（4）房子　　　　_____

（5）房间　　　　_____

（6）七　　　　　_____

（7）八　　　　　_____

（8）九　　　　　_____

（9）十　　　　　_____

dà
bā
fángzi
qī
fángjiān
shí
jiā
jiǔ
chúfáng

27

（二）看手语，写数字。

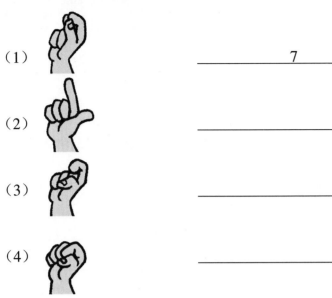

（1）_____7_____

（2）_____

（3）_____

（4）_____

（三）读拼音，写英语。

（1）wǒ jiā _____my home_____

（2）nǐ jiā _____

（3）tā jiā _____

（4）dà _____

（5）hěn dà _____

（6）bù hěn dà _____

（7）fángzi _____

（8）fángjiān _____

（9）chúfáng _____

（四）看英语选汉语，完成句子。

（1）我家_____。（not very big）

（2）李小龙家_____。（very big）

（3）Tom家_____。（very small）

（4）我家有_____。（8 rooms）

（5）他家有_____。（10 rooms）

（6）Ann _____厨房很大。（home）

| 1 | 不很大 | 2 | 很小 | 3 | 十个房间 |
| 4 | 家 | 5 | 很大 | 6 | 八个房间 |

（五）看英文，说汉语。

（1）There are 10 rooms in Ann's home.

_____。

（2）Li Xiaolong's home is very big.

_____。

（3）His home is not very big.

_____。

（4）Is your home large?

_____？

（六）听短文，回答问题。

（1）小红是哪国人？
（Xiǎohóng）

（2）小红家大吗？
（Xiǎohóng）

（3）Ann是哪国人？

（4）Ann家有几个房间？

（5）Ann有狗吗？

附：练习答案

（一）练习3

（1）my home	（2）your home	（3）his home
（4）large	（5）very large	（6）not very large
（7）house; home	（8）room	（9）kitchen

（二）练习4

（1）1	（2）5	（3）2
（4）6	（5）3	（6）4

（三）练习5

（1）Ann家有十个房间。

（2）李小龙家很大。

（3）他家不很大。

（4）你家大吗？

（四）练习6

（1）小红是中国人。
（Xiǎohóng）

（2）小红家不很大。
（Xiǎohóng）

（3）Ann是英国人。

（4）Ann家有十个房间。

（5）Ann有狗/两只狗。

附：录音文本

（1）你好！我叫小红，我是中国人。 _{Xiǎohóng}
（2）我家有五个房间，我家不很大。我有一只小猫。
（3）那是Ann，Ann是英国人。
（4）那是Ann家。Ann家很大。Ann家有十个房间。Ann有两只狗。

＊ **课堂活动建议**

（一）组句与反应练习

练习句型：1）×××家有×个房间。2）×××家很大/不很大。

目的：让学生在组句的过程中听到房间的数量，迅速反应并判断这个数字，用学过的句型说出自己的判断。

准备：教师把练习中涉及到的"我家""他家""李小龙家""Ann家"分派给部分学生；把"有""很""大"分派给其他学生；教师自己掌握十以内的数字。

实施游戏：教师指派学生从主语"我家"等开始，由学生组句。比如，手持"我家"的学生说出："我家"，手持"有"的学生必须立刻说出："有"，教师说出房间数量，组成句子如："我家有八个房间。"学生听到句子后，立刻判断有八个房间的房子是不是很大，然后由手持"我家"和"很""大"的学生组成句子："我家很大。"

又如："我家有两个房间"，学生应该组成句子："我家不很大"，以此类推。

（二）复习数字：准备数字卡片，让学生抽选其中一个，如"六"，大声读出，然后让其他学生迅速说出与"六"相邻的数字"五""七"，以此类推。目的在于训练学生对汉语数字的反应。

三、语言点与背景知识提示

（一）我家不很大。

这是形容词谓语句的一种否定形式，句型为："主语 ＋ 否定副词 ＋ 表示程度的副词 ＋ 形容词"，表示程度减弱。例如：

今天不很热。

他不很忙。

香港不很大。

汉语不很难。

试比较：我家大→我家不很大（我家不大，但是还可以）→我家不大。

（二）有②

第五课学习了"有"的用法①，本课学习该词的另一个用法。在本课中，"有"与英语的" There is / are "句型用法相似，表示存在。句首一般用处所词语或时间词语。"有"后面是存在的主体，否定形式为"没有、没"。例如：

我家有两个房间。

书架上有很多书。

今天没有课。

八点钟没有约会。

（三）量词"个"

"个"，通用个体量词。用于没有专用量词的名词前面。例如：一个人、一个房间、两个西瓜、一个地方、一个字、一个故事等等。

某些有专用量词的名词前面有时也可以用"个"作为量词。

（四）独体字与合体字

从汉字的结构看，汉字可以分为独体字和合体字。独体字是笔画结合紧密，只有一个结构单位，不可分割的汉字，如"日、月、人、木、水"等。合体字是两个或两个以上结构单位的汉字，如"明、林、众、霜、想"等。

第二单元测验

1. 听录音，选择正确答案。

①				
②				
③	sān ge	liǎng ge	wǔ ge	liù ge
④	hěn xiǎo	bù hěn dà	hěn dà	xiǎo

2. 说图片的内容。

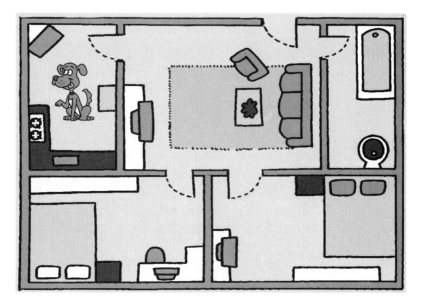

参考句型和词语：

……家有……

不很

一只

3. 朗读。

(1) Zhè shì wǒ bàba.
这 是 我 爸爸。

(2) Wǒ yǒu yì zhī xiǎo māo.
我 有 一 只 小 猫。

(3) Wǒ jiā yǒu shí ge fángjiān, wǒ jiā hěn dà.
我 家 有 十 个 房 间， 我 家 很 大。

4. 写汉字。

(1) zhè _____ (this)
(2) liù _____ (six)
(3) dà _____ (large)
(4) gè _____ (a piece of)
(5) yǒu _____ (have)

5. 翻译。

A. 把中文翻译成英文。

(1) Zhè shì wǒ jiějie.
这 是 我 姐姐。

(2) Wǒ jiā yǒu qī ge fángjiān.
我 家 有 七 个 房 间。

(3) Wǒ jiā bù hěn dà.
我 家 不 很 大。

(4) Mike yǒu liǎng zhī māo.
Mike 有 两 只 猫。

B. 连接拼音和英语。

(1) Is this your sister?   Wǒ de fángjiān hěn dà.
(2) Is your home large?   Zhè shì nǐ jiějie ma?
(3) Do you have a small dog?   Nǐ jiā dà ma?
(4) My room is very large.   Nǐ yǒu xiǎo gǒu ma?

第二单元测验部分答案

1. 听录音，选择正确答案。

（1）这是我妈妈，那是我哥哥。

（2）他有两只小狗。我有一只猫。

（3）小红家有两个房间，我家有六个房间。
<small>Xiǎohóng</small>

（4）我家不很大，李小龙家很大。

①				
		√	√	
②				
			√	√
③	sān ge	liǎng ge	wǔ ge	liù ge
		√		√
④	hěn xiǎo	bù hěn dà	hěn dà	xiǎo
		√	√	

4. 写汉字。

（1）这　　（2）六　　（3）大　　（4）个　　（5）有

5. 翻译。

A. 把中文翻译成英文。

（1）This is my elder sister.

（2）There are seven rooms in my home.

（3）My home is not very large.

（4）Mike has two cats.

B. 连接拼音和英语。

（1）Is this your sister?　　　　　　　　　Wǒ de fángjiān hěn dà.

（2）Is your home large?　　　　　　　　　Zhè shì nǐ jiějie ma?

（3）Do you have a small dog?　　　　　　Nǐ jiā dà ma?

（4）My room is very large.　　　　　　　Nǐ yǒu xiǎo gǒu ma?

第 三 单 元
饮 食

第七课　喝牛奶，不喝咖啡

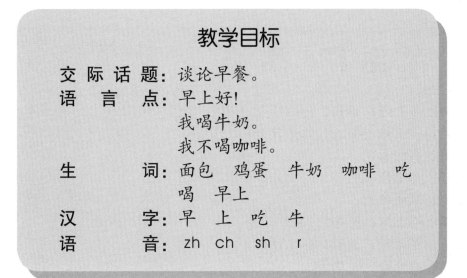

教学目标

交 际 话 题：谈论早餐。
语　言　点：早上好！
　　　　　　我喝牛奶。
　　　　　　我不喝咖啡。
生　　　词：面包　鸡蛋　牛奶　咖啡　吃
　　　　　　喝　早上
汉　　　字：早　上　吃　牛
语　　　音：zh　ch　sh　r

一、基本教学步骤及练习要点

　　（一）简单与学生用英语谈论他们的早餐，如谁准备早餐、吃什么、喝什么，目的是引入本课情景，学会用汉语表达。领读生词，讲解词义。
　　（二）做练习1，熟悉生词的发音和意思，把音与义结合起来。
　　（三）做练习2，通过朗读熟悉词语和词语搭配，所学食品饮料名称可以替换，如："牛奶"替换"咖啡"，"鸡蛋"替换"面包"。
　　（四）做练习3，听录音并跟读，通过选择检查理解程度，重点讲解基本句型，明确句子结构：
　　（1）问候方式：
　　　　早上好！
　　（2）某人＋动词＋宾语，例如：
　　　　我吃面包。
　　　　我喝牛奶。
　　　　妈妈喝咖啡。
　　（3）某人＋不＋动词＋宾语，例如：
　　　　我不吃面包。
　　　　他不喝牛奶。

妈妈不喝咖啡。

（五）做练习4，可以让学生两人一组进行练习。

（六）做练习5，认读词语并进行搭配，进一步加强汉字认读能力。

（七）做练习6，翻译，巩固本课所学内容。

（八）根据学生水平，可选做教师用书中的练习。其中练习1~3帮助学生进一步熟悉词语和基本句型，练习4是翻译。

附：录音文本

（一）练习1

（1）咖啡　　　（2）面包　　　（3）鸡蛋　　　（4）牛奶

（5）吃　　　　（6）喝　　　　（7）早上

（二）练习3

（1）小海：早上好，妈妈！

　　妈妈：早上好，小海！你吃什么？

　　小海：我吃面包。

　　妈妈：你喝什么？

　　小海：我喝牛奶。

（2）丽丽：早上好，爸爸！

　　爸爸：早上好，丽丽！你吃什么？

　　丽丽：我吃面包、鸡蛋。

　　爸爸：喝咖啡吗？

　　丽丽：我不喝咖啡，我喝牛奶。

二、练习与课堂活动建议

＊ 练习

（一）把拼音和相应的图配在一起。

　　fángjiān　　

　　māo

　　miànbāo　　

　　jīdàn

　　niúnǎi　　

　　kāfēi

（二）把拼音抄写在相应的汉字旁。

| jīdàn |
| niúnǎi |
| miànbāo |
| kāfēi |
| zǎoshang |
| chī |
| hǎo |
| hē |

面包＿＿＿＿＿＿＿＿＿＿   吃＿＿＿＿＿＿＿＿＿＿

好＿＿＿＿＿＿＿＿＿＿   咖啡＿＿＿＿＿＿＿＿＿＿

牛奶＿＿＿＿＿＿＿＿＿＿   早上＿＿＿＿＿＿＿＿＿＿

鸡蛋＿＿＿＿＿＿＿＿＿＿   喝＿＿＿＿＿＿＿＿＿＿

（三）选词填空。

　　　　zǎoshang　　　　shénme　　　　hē　　　　bù
　a　早上　　　b　什么　　　c　喝　　　d　不

　　　Tā chī
（1）他 吃＿＿＿＿＿＿＿？

　　　　　　　hǎo!
（2）＿＿＿＿＿＿好！

　　　Mike　　　chī jīdàn.
（3）Mike＿＿＿＿＿吃 鸡蛋。

　　　Bàba　　　　kāfēi.
（4）爸爸＿＿＿＿＿咖啡。

（四）读中文，写英文。

　　　Zǎoshang hǎo,　māma!
（1）早 上　好，妈 妈！

　　　Wǒ chī miànbāo,　wǒ bù chī　jīdàn.
（2）我 吃 面 包，我 不 吃 鸡 蛋。

　　　Wǒ hē niúnǎi,　bù hē　kāfēi.
（3）我 喝 牛 奶，不 喝 咖 啡。

　　　Wǒ yǒu yì　zhī xiǎo māo, xiǎo māo chī　shénme? Xiǎo māo hē　shénme?
（4）我 有 一 只 小 猫，小 猫 吃 什 么？小 猫 喝 什 么？

＊　课堂活动建议

　　皇帝／皇后的命令：生词卡片学生每人一套，老师先作为皇帝／皇后发出命令："我吃面包。"学生挑出"面包"那一张生词卡，把有图案的一面展示给老师；如果皇帝／皇后说："我不吃面包。"学生挑出"面包"那一张生词卡，把有拼音或汉字的一面展示给老师（具体规则可以自行规定）。挑选正确且动作最快的学生可以作为皇帝／皇后发出下一个命令。

肯定句和否定句

	主语	否定词	谓语	宾语
肯定	我		吃	面包
	他		喝	牛奶
否定	我	不	吃	鸡蛋
	妈妈	不	喝	咖啡

如表中所示，汉语否定词放在要否定的动词或形容词前边，其他语序不变。

第八课 我要苹果，你呢

教学目标

交 际 话 题：谈论水果、饮料。
语 言 点：你要水果吗？
　　　　　　　　我要苹果，你呢？
生 词：水果　苹果　果汁　汽水　茶　要　呢
汉 字：要　水　汽　茶
语 音：z　c　s

一、基本教学步骤及练习要点

（一）简单与学生用英语和汉语谈论他们渴的时候和饿的时候会需要什么，鼓励他们使用上一课学过的词语。老师注意使用上与"你呢"相同的表达方式（And you? What about you?），目的是引入本课情景。

（二）学习生词，领读并纠正发音。可以解释"果"字的意思，在本课可以组成：水果、苹果、果汁。

（三）做练习1，熟悉生词的发音和意思，把音与义结合起来。

（四）做练习2，熟悉词语和句型搭配，其中的名词可以用学过的词语替换。

（五）做练习3，学习词语和句型，重点讲解三种疑问句形式：

（1）要 ＋ 什么？

（2）要 ＋ 名词 ＋ 吗？

（3）A ＋ 要 ＋ 名词，B ＋ 呢？

（六）做练习4，用上述三种疑问句形式完成对话，学生可以两人一组进行。

（七）做练习5，巩固认读与词义结合，加强认读理解能力。

（八）做练习6，看图说话，学生自由对话，注意提示使用上述三种疑问句。

（九）根据情况，可选做教师用书中的练习。其中练习1、2帮助学生进一步熟悉词语，练习3让学生进一步熟悉三种疑问句形式，练习4、5是翻译练习和看图说话，目的是理解并使用句型。

附：录音文本

（一）练习1

（1）苹果　　（2）汽水　　（3）茶　　（4）果汁　　（5）水果

（二）练习3

（1）Mary：Tom，你要什么？

　　　Tom：我要苹果。

　　　Mary：你要汽水吗？

　　　Tom：我不要汽水，我要果汁。

（2）Ann：Mike，你要水果吗？

　　　Mike：我不要水果。

　　　Ann：你喝什么？

　　　Mike：我喝汽水，Ann你呢？

　　　Ann：我要茶。

二、练习与课堂活动建议

＊ 练习

（一）把拼音和相应的图配在一起。

chá		píngguǒ	
māo		shuǐguǒ	
jīdàn		qìshuǐ	
gǒu		guǒzhī	

（二）把字和相应的拼音、英文连接在一起。

（1）niúnǎi	果汁	apple
（2）guǒzhī	汽水	tea
（3）chī	牛奶	milk
（4）chá	苹果	soft drinks
（5）píngguǒ	要	eat
（6）yào	你呢	and you
（7）nǐ ne	茶	juice
（8）qìshuǐ	吃	want

（三）选词填空。

           shénme   ma   ne
         什么   吗   呢

     Nǐ yào
（1）你要＿＿＿＿＿＿？

     Nǐ yào qìshuǐ
（2）你要汽水＿＿＿＿＿＿？

     Tā hē
（3）他喝＿＿＿＿＿＿？

     Wǒ yào píngguǒ, nǐ
（4）我要苹果，你＿＿＿＿＿＿？

     Tā chī miànbāo
（5）他吃面包＿＿＿＿＿＿？

     Māma yào niúnǎi, bàba
（6）妈妈要牛奶，爸爸＿＿＿＿＿＿？

（四）读中文，写英文。

     Nǐ yào shénme?
（1）你要什么？

     Wǒ yào guǒzhī, nǐ ne?
（2）我要果汁，你呢？

     Wǒ bú yào guǒzhī, wǒ yào chá.
（3）我不要果汁，我要茶。

     Nǐ yào jīdàn ma?
（4）你要鸡蛋吗？

     Wǒ yào jīdàn, bàba ne?
（5）我要鸡蛋，爸爸呢？

     Tā bú yào jīdàn, tā chī miànbāo.
（6）他不要鸡蛋，他吃面包。

（五）看图说话。

参考词语：要、什么、吗、不、呢

*　课堂活动建议

学生三人或四人一组，其中一人扮演小店售货员，另外两个或三个学生扮演顾客。

三、语言点与背景知识提示

（一）用"吗"的疑问句
在陈述句后加"吗"是最常见的疑问句形式之一，"吗"放在句尾，句中的词语排列顺序不变。第一课已经讲过"形容词 ＋ 吗？"如："你好吗？"本课学习"吗"的另一种用法："动词＋名词＋吗？"如：

你要水果吗？

你喝汽水吗？

（二）用"呢"的疑问句

在名词、代词的后面加上"呢"构成另一种疑问句，省略上文中出现过的谓语部分，同英语中的"and ...?""what about ...?"意思和作用相似。本课用法为："A ＋ 动词 ＋ 宾语，B ＋ 呢？"如：

我要苹果，你呢？（I want apple, what about you?）

A: 你好吗？（How are you?）

B: 我很好，你呢？（I'm fine, and you?）

（三）茶

有人称中国为茶的故乡，茶是中国的传统饮料，也是世界三大饮料之一。中国茶主要分为绿茶（如浙江的龙井茶、安徽黄山的毛峰、江苏的碧螺春）、红茶（如安徽的祁红、云南的滇红、四川的川红）、乌龙茶（如福建的铁观音和大红袍）和花茶（如中国北方人喜欢的茉莉花茶）。

Tea

Some people say that China is the birthplace of tea. Tea is China's traditional drink, and one of the world's three most popular drinks. Chinese tea is mainly divided into the following groups: green tea (for example, Longjing tea of Zhejiang Province, Maofeng tea from Anhui Province, Biluochun tea from Jiangsu Province), black tea (for example Anhui Qihong, Yunnan Dianhong, Sichuan Chuanhong), Oolong tea (for example Tieguanyin tea from Fujian province), and flower tea (for example jasmine tea, which is popular in the north of China).

第九课　我喜欢海鲜

教学目标

交 际 话 题：谈论喜欢的食物。

语 言 点：我喜欢海鲜，也喜欢菜。
我喜欢牛肉，他也喜欢牛肉。

生 词：喜欢　海鲜　也　菜　牛肉　鱼　米饭
面条

汉 字：也　米　肉　鱼

语 音：y　w

一、基本教学步骤及练习要点

（一）简单与学生用英语和汉语谈论他们喜欢的食物，鼓励他们使用学过的词语和表达方式，有意识地用上与"也"相同的表达方式，目的是引入本课情景。

（二）学习主情景图和生词部分，主要是看图熟悉生词，体会"也"的意思和表达方式。

（三）做练习1，熟悉生词的发音和意思，把音与义结合起来。这里加入了本单元学过的部分食品名称。

（四）做练习2，把词义和字形联系在一起，进一步熟悉发音和本课句型"也"的用法。

（五）做练习3，通过选择达到理解的目的，可以反复听录音并让学生跟读，熟悉"也"的表达方式。

（六）做练习4，每人说出一句与图有关的句子，如果是问句可让其他学生回答。

（七）做练习5，巩固认读。用短语和句子的形式出现，加强整体理解，也可以由老师任意朗读其中一句，让学生找出相应的句子。

（八）做练习6，综合复习部分，先翻译，然后可以让学生模仿例句介绍自己的情况。

（九）根据情况选做教师用书中的部分练习。其中练习1~3帮助学生进一步熟悉词语，练习4有提示地完成对话，进一步运用所学句型。

附：录音文本

（一）练习1

（1）海鲜　（2）牛肉　（3）米饭　（4）面条　（5）鱼　（6）菜

（二）练习3

（1）小红：小海，你喜欢什么？

小海：我喜欢海鲜。

小红：你喜欢菜吗？

小海：我也喜欢菜。

（2）Ann：Mike，你喜欢什么？

Mike：我喜欢牛肉。Ann，你呢？

Ann：我喜欢牛肉，也喜欢鱼。

Mike：你喜欢米饭吗？

Ann：我喜欢米饭，你呢？

Mike：我喜欢米饭，也喜欢面条。

二、练习与课堂活动建议

*   练习

（一）把相应的图和词语连在一起。

yú 鱼		niúròu 牛肉	
shuǐguǒ 水果		jīdàn 鸡蛋	
hǎixiān 海鲜		miàntiáo 面条	
mǐfàn 米饭		niúnǎi 牛奶	

（二）听录音选择，画 √ 或 ×。

（1）面条、米饭　　　　　　　（2）牛肉、牛奶

　　√　　×　　　　　　　　　　____　____

（3）海鲜、菜、水果　　　　　（4）茶、汽水、咖啡

　　____ ____ ____　　　　　____ ____ ____

（三）读拼音，把相对应的拼音、汉字和英文连在一起。

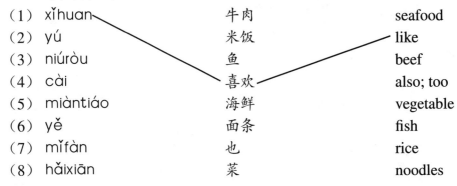

（1）xǐhuan　　　　牛肉　　　　seafood

（2）yú　　　　　　米饭　　　　like

（3）niúròu　　　　鱼　　　　　beef

（4）cài　　　　　喜欢　　　　also; too

（5）miàntiáo　　　海鲜　　　　vegetable

（6）yě　　　　　面条　　　　fish

（7）mǐfàn　　　　也　　　　　rice

（8）hǎixiān　　　菜　　　　　noodles

（四）完成对话。
（1）

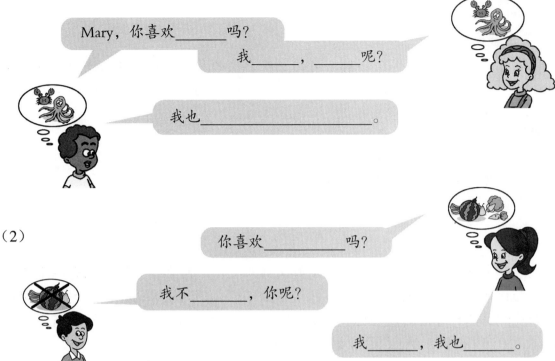

Mary，你喜欢_____吗？

我_____，_____呢？

我也_____。

（2）

你喜欢_____吗？

我不_____，你呢？

我_____，我也_____。

附：录音文本

练习2

（1）我吃面条，不吃米饭。

（2）我喜欢牛肉，也喜欢牛奶。

（3）Mike 喜欢海鲜，也喜欢菜。他不喜欢水果。

（4）哥哥不喝茶，他喜欢汽水，也喜欢咖啡。

＊ 课堂活动建议

信息传递：学生每一排或每一列为一组，老师给每组第一个人一张纸或卡片，上面写有一句话(老师事先准备好，可与本课主要句型有关或复习学过的内容)。每组第一个人自己读后要把这一信息轻声传给同组下一个同学，依次传下去，每组最后一个人把自己听到的句子写在纸上，朗读给大家听。最后与原句核对，看哪一组信息传递得又快又准确。

三、语言点与背景知识提示

（一）副词"也"的用法

"也"表示同样，在句中加在动词前，其他语序不变。这与英文 also、too 的用法不一样。英文的 also 可以用在动词前，也可用在句首或句尾，too 用在句尾，而汉语的"也"只能用在要修饰的动词或形容词前。如：

我喜欢海鲜，我也喜欢菜。（I like seafood and I also like vegetables.）

他是中国人，我也是中国人。（He is Chinese. I'm Chinese too.）

（二）语音

以韵母 i 和 u 开头的音节，i 和 u 要分别改为 y 和 w，如 ia、ua 要写成 ya、wa。韵母 i 和 u 自成音节时要写成 yi 和 wu，ü 自成音节时写成 yu，复合韵母 in、ing 自成音节时写成 yin、ying。

例如：亚——yà　　　鱼——yú

娃——wá　　　音——yīn

衣——yī　　　英——yīng

五——wǔ

（三）汉字的书写

汉字是方块字，每个字由不同的笔画组成。无论笔画多少，汉字都有一定的书写顺序，并应该按同样大小的方格书写，所谓一字一格。书写汉字时还要考虑汉字间架结构的适当比例，这样才能写出匀称美观的汉字。汉字横向书写时，从左写到右，并从上向下排列；纵向书写时，从上写到下，并从右向左排列。

（四）鱼

中国人喜欢鱼，"鱼"字的发音与"余"相同，代表富余和财富，所以逢年过节人们的餐桌上一般都有鱼。春节的时候人们喜欢贴一种传统的年画，常常是胖娃娃骑在一条红鱼身上，或是把鱼抱在怀里，取"年年有（鱼）余"之意。

Fish

Chinese people like fish, because the word for fish is pronounced in the same way as another word which means surplus or abundance. Therefore, at festivals every year there is usually fish on the meal table. For the Spring Festival, people usually like to hang up a traditional New Year picture, often a plump child-figure riding on the back of a fish, or holding a fish in its arms. From this comes the expression "abundance in every year".

第三单元测验

1. 在听到的语音旁打√。

（1）zhī_____   chī_____   shī_____   rī_____

（2）cǎ_____   sǎ_____   zǎ_____

（3）yú_____   wú_____

2. 听录音，按顺序标出序号。

3. 看图说话。

参考词语：吃、喝、喜欢、不、也

4. 请你说一说：你喜欢吃什么？/ 喝什么？

5. 朗读。

（1）早上 好，爸 爸、妈 妈！
     Zǎoshang hǎo, bàba、māma!

（2）你 吃 什 么？
     Nǐ chī shénme?

（3）我 要 面 包。
     Wǒ yào miànbāo.

（4）我 喝 茶，你 喝 什 么？
     Wǒ hē chá, nǐ hē shénme?

（5）我 喝 咖 啡，不 喝 茶。
     Wǒ hē kāfēi, bù hē chá.

（6）他 喜 欢 牛 肉，也 喜 欢 海 鲜，你 呢？
     Tā xǐhuan niúròu, yě xǐhuan hǎixiān, nǐ ne?

6. 写汉字。

chá   yú   niúròu   chī

_____   _____   _____   _____

Zǎoshang hǎo!   qìshuǐ   mǐfàn

_____ _____好！   _____   _____

7. 翻译。

A. 把中文翻译成英文。

（1）你 要 水 果 吗？
     Nǐ yào shuǐguǒ ma?

（2）我 吃 面 条，我 不 吃 米 饭。
     Wǒ chī miàntiáo, wǒ bù chī mǐfàn.

（3）妈 妈 喝 牛 奶，不 喝 汽 水。
     Māma hē niúnǎi, bù hē qìshuǐ.

（4）他 喜 欢 海 鲜，也 喜 欢 菜。
     Tā xǐhuan hǎixiān, yě xǐhuan cài.

B. 把英文翻译成中文。

（1）What will you eat?

（2）I want tea, what about you?

（3）He likes China and he also likes the UK.

（4）I drink coffee and he drinks coffee too.

第三单元测验部分答案

1. 在听到的语音旁打√。

（1）chī

（2）sǎ

（3）yú

2. 听录音，按顺序标出序号。

（1）咖啡

（2）米饭

（3）牛肉

（4）牛奶

（5）面包

（6）水果

（7）海鲜

（8）汽水

6. 写汉字。

茶，鱼，牛肉，吃，早上好，汽水，米饭。

7. 翻译。

B. 把英文翻译成中文。

（1）你吃什么？

（2）我要茶，你呢？

（3）他喜欢中国，也喜欢英国。

（4）我喝咖啡，他也喝咖啡。

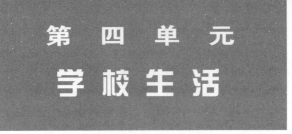

第 四 单 元
学 校 生 活

第十课　中文课

教学目标

交际话题：谈自己学习的课程。

语　言　点：星期一我有中文课。
　　　　　　星期一我没有法文课。

生　　　词：星期　中文　英文　法文
　　　　　　体育　　课　　没有

汉　　　字：文　星　课　法

一、基本教学步骤及练习要点

（一）导入：建议采用由学过的词语过渡到本课生词的方式。将课程名称联系起来理解、记忆：中国——中文，英国——英文，法国——法文。再加上"课"，组成本课除了"体育"之外的表示课程的词语。

（二）在提示的基础上引导学生初步熟悉生词，教师范读、带读生词表。

（三）做练习1，引导学生熟悉词语发音，建立词语发音和意义的联系。要求学生能够根据录音的内容作出反应，对应出词语的英文意思。可先听几遍，再开始做。

（四）做练习2，朗读词语和句子。本课的第一部分关于日期的词语（星期一——星期六）在汉语表达中有规律、易接受，所以没有列入生词表。教师可以指着"课表"或日历带读这些词，引导学生了解生词"星期"，带上数字，就自然组成表达一周日期的六个生词。"星期日"是个例外。

（五）做练习3，通过听的训练巩固学生对本课词语和句型的理解。

（六）通过下列两个表，具体展示本课的词语和句型。

表一：

星期一	中文课
星期二	法文课
星期三	英文课
星期四	体育课

表二：日期 ＋ 某人 ＋（没）有 ＋ 课程名称

星期一			中文课
星期二			法文课
星期三	我	（没）有	英文课
星期四			体育课
……			……

（七）做练习4，可分组进行，引导学生从朗读对话过渡到根据提示进行表达。

（八）做练习5，巩固本课词语。

（九）做练习6，通过翻译掌握本课生词和句型。

（十）指导学生用一些替换的方式表达自己的实际情况，如告诉别人自己的课表："星期一我有（　　）课，我没有（　　）课。"如受词汇量的限制，可以用英文表达课名，如"星期五我有history／IT课"等。

（十一）根据学生的实际水平，选做教师用书的练习。

（1）练习3，有助于提高学生认读理解能力。

（2）练习4，结合一些以前的语言项目，如"我是……人""我喜欢……"等句型，综合练习朗读、翻译。

附：录音文本

（一）练习1

（1）中文　（2）英文　（3）课　　（4）法文

（5）星期　（6）体育　（7）没有　（8）中文课

（二）练习3

星期一我有体育课。星期二我有中文课。星期三我有法文课。星期四我有英文课。星期五我有中文课。星期六我没有课。

二、练习与课堂活动建议

* 练习

（一）给词语配上拼音。

（1）星期　　　　　　xīngqīliù
（2）星期一　　　　　méiyǒu
（3）星期二　　　　　xīngqīwǔ
（4）星期三　　　　　xīngqīsān
（5）星期四　　　　　xīngqīsì
（6）星期五　　　　　xīngqī'èr
（7）星期六　　　　　xīngqī
（8）没有　　　　　　xīngqīyī

（二）根据Mary的课表判断对错。

	星期一	星期二	星期三	星期四	星期五
1	法文	中文	英文	Science	Art
2	IT	法文	英文	Science	中文
3	中文	Technology	Maths	体育	Maths
4	IT	Technology	Maths	体育	法文
Lunch					
5	Art	History	IT	体育	英文
6	Art	法文	Tutor	中文	Geography

Xīngqīyī   Mary yǒu Yīngwénkè.
（1）星 期 一 Mary 有 英 文 课。（　　）

Xīngqī'èr   Mary méiyǒu   tǐyùkè.
（2）星 期 二 Mary 没 有 体 育 课。（　　）

Xīngqīsān   Mary   méiyǒu Yīngwénkè.
（3）星 期 三 Mary 没 有 英 文 课。（　　）

Xīngqīsì   Mary yǒu Zhōngwénkè.
（4）星 期 四 Mary 有 中 文 课。（　　）

Xīngqīwǔ   Mary méiyǒu Fǎwénkè.
（5）星 期 五 Mary 没 有 法 文 课。（　　）

（三）汉语对应英语。

Xīngqīliù wǒ méiyǒu kè. 星 期 六 我 没 有 课。	I have P.E. on Wednesday.
Xīngqīsān wǒ yǒu tǐyùkè. 星 期 三 我 有 体 育 课。	He has English on Monday.
Tā xǐhuan Yīngwénkè. 他 喜 欢 英 文 课。	He is Chinese.
Tā shì Zhōngguórén. 他 是 中 国 人。	He likes English.
Xīngqīsì wǒ méiyǒu Fǎwénkè. 星 期 四 我 没 有 法 文 课。	I do not have French on Thursday.
Xīngqīyī tā yǒu Yīngwénkè. 星 期 一 他 有 英 文 课。	I do not have classes on Saturday.

（四）朗读和翻译。

Wǒ shì Mary, wǒ shì Yīngguórén, wǒ xǐhuan Zhōngwén. Xīngqīyī wǒ yǒu Zhōngwénkè, wǒ
我 是 Mary，我 是 英国人，我 喜欢 中文。星期一我 有 中文 课，我

mèimei méiyǒu Zhōngwénkè, tā yǒu Fǎwénkè. Tā xǐhuan Fǎwénkè. Xīngqīliù wǒmen
妹妹 没有 中文课，她（she）有 法文课。她喜欢法文课。星期六我们

méiyǒu kè.
（we）没有 课。

＊ 课堂活动建议

（一）制作自己的课表。把能够用汉语表达的课程都换成汉语，其他仍保留英文，并鼓励学生争取在一段时间内把所有的课程都换成汉语。第一个完成的可以在教室或年级公告栏"发表"。

（二）游戏：扔"色子"——四方纸盒。每面写上一个课程名称或"没有课"。可以逐渐加大难度：A学生扔到哪一面就根据提示说一个句子，如"我有英文课""我有体育课"；B学生要根据实际情况说出某个日期，如"星期三我有法文课""星期六我没有课"。

三、语言点与背景知识提示

（一）汉语表达某个时间从事某项活动时，时间词语既可以出现在主语前，也可以出现在主语后，如：

星期一我有中文课。（时间词语在主语前）
我星期一有中文课。（时间词语在主语后）

本课为了便于教师指导和学生记忆，时间词语一律放在句首。英语时间词语一般放在句尾，有时放在句首，在教学中应提示学生注意。

（二）中国学校的课表在上课时间、科目等方面和英国学校不同。这里提供一张中国中学的课表，供教师参考。学生如果想多了解一些中国中学生活，可以在IT课上与中国同学进行网上交流活动。

	星期一	星期二	星期三	星期四	星期五
1	外语	数学	政治	数学	外语
2	数学	外语	数学	外语	生物
3	体育	语文	地理	语文	数学
4	语文	历史	外语	语文	数学
5	自习	体育	计算机	历史	劳动技能
午休					
6	生物	地理	音乐	体育	语文
7	劳动技能	政治	美术	地理	语文

There are various aspects of Chinese schools which are different from those in Britain, for example, timetable, class times and subjects are all different. Here is a timetable of a Chinese secondary school for your reference. If students are conducting email exchanges with Chinese students they will be able to better understand something of life at a Chinese secondery school.

	Mon.	Tues.	Wed.	Thur.	Fri.
1	Foreign Language	Maths	Politics	Maths	Foreign Language
2	Maths	Foreign Language	Maths	Foreign Language	Biology
3	Physical Education	Chinese	Geography	Chinese	Maths
4	Chinese	History	Foreign Language	Chinese	Maths
5	Personal Study Period	Physical Education	Computer Studies	History	Practical Work Skills
Break					
6	Biology	Geography	Music	Physical Education	Chinese
7	Practical Work Skills	Politics	Art	Geography	Chinese

第十一课　我们班

一、基本教学步骤及练习要点

（一）导入：数学表达从1~10的复习开始，十以上的数字表达在汉语中规律性强：11 = 十 + 一；12 = 十 + 二；21 = 二十 + 一；22 = 二十 + 二，以此类推，引导学生掌握。注意提示19、20、21的转换。

（二）带读生词，熟悉词语的发音和意义。提示重点字词"男""女"的字音和字形。

（三）做练习1、练习2，让学生建立一些汉语数字表达的概念，进一步加深对"数量词 + 名词"的了解。

（四）做练习3，要求学生听录音，抓住句子中的主要信息——各班人数。

（五）讲解本课的基本句型：某处 + 有 + 人。例如：我们班有二十五个学生。

（六）做练习4，可以由教师带读，逐步过渡到学生自己在两人小组中表达。也可以鼓励学生用一些自己设想的数字来扩大表达范围。

（七）做练习7，通过翻译全面掌握本课的词语和句型。

（八）在掌握本课内容的基础上，根据学生水平，可以选择教师用书上的练习。

（1）练习2结合了一些以前学过的词语，答题难度也略有增高。

（2）练习3基本上是自由表达练习，可以鼓励学生说出任何与数字有关的句子，尽量把以前学过的表示人、动物、水果的词语都用上。

（3）练习5内容涉及到前一单元学习的生词和句型，可以帮助学生复习巩固近期所学的内容。

附：**录音文本**

（一）练习1

2，4，6，8，10，11，13，15，17，19，20，21，25。

（二）练习3

我是Mary，我们班有21个学生，12个女学生，9个男学生。

我是Tom，我们班有22个学生，11个女学生，11个男学生。

我是Ann，我们班有23个学生，13个女学生，10个男学生。

二、练习与课堂活动建议

* 练习

（一）汉字对应拼音。

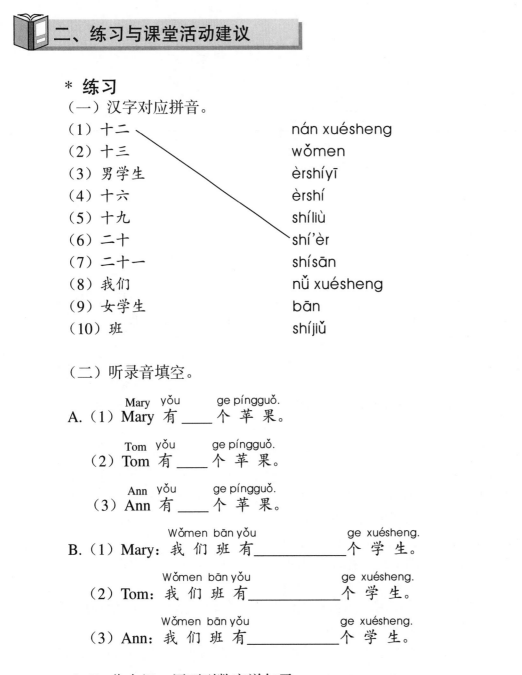

（1）十二　　　　　　　nán xuésheng

（2）十三　　　　　　　wǒmen

（3）男学生　　　　　　èrshíyī

（4）十六　　　　　　　èrshí

（5）十九　　　　　　　shíliù

（6）二十　　　　　　　shí'èr

（7）二十一　　　　　　shísān

（8）我们　　　　　　　nǚ xuésheng

（9）女学生　　　　　　bān

（10）班　　　　　　　　shíjiǔ

（二）听录音填空。

A.（1）Mary ^{Mary} 有 ____ ^{yǒu} 个苹果。^{ge píngguǒ.}

（2）Tom ^{Tom} 有 ____ ^{yǒu} 个苹果。^{ge píngguǒ.}

（3）Ann ^{Ann} 有 ____ ^{yǒu} 个苹果。^{ge píngguǒ.}

B.（1）Mary：我们班有_____个学生。^{Wǒmen bān yǒu ... ge xuésheng.}

（2）Tom：我们班有_____个学生。^{Wǒmen bān yǒu ... ge xuésheng.}

（3）Ann：我们班有_____个学生。^{Wǒmen bān yǒu ... ge xuésheng.}

（三）分小组，用下列数字说句子。

十二	十四	二十三	二十	十七	二十二	十八	十九
十三	十五	二十五	二十四	十六	十一	二十一	一

56

例如：

Wǒmen bān yǒu shí'èr ge nǚ xuésheng.
（1）我 们 班 有 十 二 个 女 学 生。

Wǒmen bān yǒu yí ge Zhōngguó lǎoshī.
（2）我 们 班 有 一 个 中 国 老 师。

Wǒ yǒu shíyī ge miànbāo.
（3）我 有 十 一 个 面 包。

（四）英汉对照。

ten female students		十九个学生
twenty male students		十个女学生
nineteen students		我们班有十八个男学生。
There are twelve female students in our class.		十个中国学生
There are eighteen male students in our class.		我们班有十二个女学生。
ten Chinese students		二十个男学生

（五）朗读并翻译句子。

Wǒmen bān yǒu èrshíwǔ ge xuésheng. Shí ge nán xuésheng, shíwǔ ge nǚ xuésheng.
（1）我 们 班 有 二 十 五 个 学 生。十 个 男 学 生，十 五 个 女 学 生。

Xīngqīyī wǒmen bān yǒu Zhōngwénkè, yě yǒu tǐyùkè. Wǒmen xuéxiào yǒu èrshíwǔ ge bān.
（2）星 期 一 我 们 班 有 中 文 课，也 有 体 育 课。我 们 学 校 有 二 十 五 个 班。

附：录音文本

A.（1）我是 Mary，我有21个苹果。
　　（2）我是 Tom，我有25个苹果。
　　（3）我是 Ann，我有19个苹果。

B.（1）我是 Mary，我们班有20个学生。
　　（2）我是 Tom，我们班有23个学生。
　　（3）我是 Ann，我们班有25个学生。

* 课堂活动建议

组成 2~4 人小组，各画一张名为"我们班"的集体照，要能看出多少男学生，多少女学生。然后向其他同学出示图画，看的人要帮他／她描述照片上的情况。

例如：展示 14 男、10 女的"照片"，则应说出：

我们班有 25 个学生。

我们班有 14 个男学生，10 个女学生。

大家轮流描述他人画的照片。

三、语言点与背景知识提示

（一）汉语数字的表达

汉语数字的表达很有规律。本课可以引导学生基本掌握汉语100以内数字的表达。但是考虑到教学容量，这里没有一一列出，只是让学生基本了解汉语数字表达规律。对于一些学习能力比较强的学生，可以鼓励他们按照规律类推到99。

（二）汉语表示存在的句型：某处 ＋ 有 ＋ 人／事物。

在第六课已经介绍了"某处 ＋ 有 ＋ 事物"，如：

我家有五个房间。

本课学习的表示存在的句型为：某处 ＋ 有 ＋ 人，如：

我们班有二十个学生。

我们班有三个中国人。

第十二课　我去图书馆

教学目标

交　际　话　题：谈课外活动。
语　言　点：你去哪儿？
　　　　　　　我去图书馆。
生　　　词：去　运动场　图书馆　教室　礼堂
　　　　　　　体育馆
汉　　　字：去　图　书　馆

一、基本教学步骤及练习要点

（一）导入：指导学生了解学校的几个相关场所，可以用图展示，然后带读生词表，引导学生熟读、记忆。

（二）做练习1，听基本词语，熟悉表示处所的词语。

（三）做练习2，通过朗读熟悉"去＋处所"的搭配，并对本课句型有所了解。

（四）做练习3，通过听录音了解本课的基本句型：

（1）某人＋去＋哪儿？例如：

　　你去哪儿？

（2）某人＋去＋某处所。例如：

　　我去图书馆。

（五）讲解本课基本句型，为口头表达做准备。提示：汉语中含有疑问代词的疑问句的语序和陈述句一样，只要把疑问词放在提问的部分就可以了。教学中可以从陈述句导入，如：

　　他去教室。　　　　→ 他去哪儿？

　　Mary去图书馆。　→ Mary去哪儿？

（六）做练习4，可以先让学生通过朗读第1、2组对话，熟悉句型，然后过渡到第3、4组根据图示进行表达。回答时要求先用否定形式，再用肯定形式。如："我不去教室，我去图书馆。"应指导学生通过这个练习熟悉"去"的肯定与否定形式。课本上的练习完成后，教师可提问学生，要求用同样的形式回答，如问："你去图书馆吗？"要求学生回答："我不去图书馆，我去……"

（七）做练习5，进一步掌握词语和基本搭配形式。

（八）做练习6，通过翻译综合性地理解本课语言学习内容。

（九）根据学生水平和掌握情况选做教师用书中的练习。

（1）练习 1~4，是拼音、听力、认读练习，练习3、4略微增加了一些难度，并重现了一些学过的词语，有助于指导学生进一步理解句型，并巩固丰富词语。

（2）练习 5 练习口头表达，在课堂上还可以扩展，可以鼓励学生自己画类似的图，在小组中进行这类训练。练习 6 是综合性的练习，结合了一些学过的词语和句型进行练习。

附：录音文本

（一）练习1

（1）教室　（2）礼堂　（3）运动场　（4）图书馆　(5)体育馆

（二）练习3

（1）A：Mary，你去哪儿？

　　　B：我去图书馆。

（2）A：Tom，你去哪儿？

　　　B：我去运动场。

（3）A：丽丽，你去哪儿？

　　　B：我去教室。

（4）A：小海，你去教室吗？

　　　B：我不去教室，我去礼堂。

（5）A：Mike，你去运动场吗？

　　　B：我不去运动场，我去体育馆。

二、练习与课堂活动建议

* 练习

（一）给下列词语注上拼音。

去英国	去上海	去北京	去中国
去礼堂	去教室	去图书馆	去香港

（二）听录音，把每个人的活动用线连接起来。

Mary	goes to Shanghai
Ann	goes to the library
Lìli	goes to Hong Kong
Tom	goes to the classroom
Mike	goes to the assembly hall
Xiǎohǎi	goes to the sports ground

（三）给英语词语写上意思对应的汉语拼音。

go to Shanghai	
go to the library	
go to Hong Kong	
go to the classroom	
go to the assembly hall	
go to the sports ground	

（四）写上对应的号码。

go to the classroom
go to gym
go to the sports ground
go to the assembly hall
① go to school
go to library

① 去学校
去运动场
去教室
去图书馆
去礼堂
去体育馆

qù yùndòngchǎng
qù lǐtáng
qù jiàoshì
qù túshūguǎn
qù tǐyùguǎn
① qù xuéxiào

（五）看图回答问题。
（1）爸爸去哪儿？

（2）哥哥去哪儿？

（3）姐姐去哪儿？

（4）弟弟去哪儿？

（六）朗读并翻译。

　　　　Wǒ yǒu　 tǐyùkè.　 Wǒ qù yùndòngchǎng.
（1）我 有 体 育 课。我 去 运 动 场。

　　　　Tom méiyǒu　 tǐyùkè,　 tā yǒu Zhōngwénkè, tā qù jiàoshì,　 tā xǐhuan Zhōngwén.
（2）Tom 没 有 体 育 课，他 有 中 文 课，他 去 教 室，他 喜 欢 中 文。

　　　　Xīngqīliù　 gēge méiyǒu kè, tā qù tǐyùguǎn.　 Tǐyù guǎn hěn dà.
（3）星 期 六 哥 哥 没 有 课，他 去 体 育 馆。体 育 馆 很 大。

附：录音文本
（二）Mary去图书馆。
　　　Tom 去运动场。
　　　丽丽去教室。
　　　Mike去香港。
　　　Ann去上海。
　　　小海去礼堂。

＊ 课堂活动建议
　　让学生2~3人一组，每个人用图来表示自己想做的一件事，如看书、借书、跑步、打球、做作业、登长城等。出示后，小组成员根据活动判断他／她要去的地方，进行口头表达，如：A去图书馆，B去教室，C去中国等。

三、语言点与背景知识提示

　　（一）动词"去"的用法比较丰富，本课学习的是其中最基本、最常用的句型：名＋去＋处所词语。例如：
　　　我去图书馆。
　　　他去教室。

　　（二）汉字的造字法
　　一般来说，汉字有象形、指事、会意、形声四种造字法。用这四种方法创造出来的汉字分别为象形字、指事字、会意字和形声字。象形字，如"月、口"；指事字，如"上、下"；会意字，如"休、明"；形声字，如"爸、妈"。本册教师用书将在以下几个单元中分别介绍这四类汉字。

第四单元测验

1. 听录音填空。

	Mon.	Tues.	Wed.	Thur.	Fri.
Xiǎohǎi	Chinese	P.E.			
Mary					
Tom					
Mary					
Lìlì					

2. 说一说。

（1）模仿例句介绍你们班。

我们班有二十一个学生，十一个男学生，十个女学生。

二十一	èrshíyī	twenty one
我们	wǒmen	we
班	bān	class
男	nán	male
女	nǚ	female
学生	xuésheng	student

（2）模仿例句介绍你的课程。

星期一我有英文课，

星期二我有……

星期三……

……

我喜欢……

中文	Zhōngwén	Chinese
英文	Yīngwén	English
法文	Fǎwén	French
体育	tǐyù	P.E.

3. 给词语注上拼音。

| tǐyùguǎn | yùndòngchǎng | lǐtáng | méiyǒu | wǒmen |
| tǐyù | Zhōngwén | xuésheng | bān | Yīngwén |

体育馆	运动场	礼堂	我们	班
英文	体育	中文	没有	学生

4. 英汉对应。

I have a Chinese class on Monday.

eleven male students

He does not have class on Saturday.

There are eighteen students in our class.

go to the sports ground

go to the library

去运动场

去图书馆

星期一我有中文课。

十一个男生

星期六他没有课。

我们班有十八个学生。

5. 根据拼音写汉字。

（1） Zhōngwénkè　　Fǎwénkè

中（　　　）　（　　　　　）

（2） xīngqī　　　　túshūguǎn

（　　）期　　（　　　　　）

（3） Wǒmen bān yǒu èrshí ge xuésheng.

我们 班 有 二十 个（　　　　）。

（4） nán xuésheng　　nǚ xuésheng

（　　　　　）（　　　　　）

6. 把中文翻译成英文。

(1) Wǒ shì Yīngguórén, wǒ xǐhuan Zhōngwén, xīngqīsān wǒ yǒu Zhōngwénkè.
我 是 英 国 人，我 喜 欢 中 文，星 期 三 我 有 中 文 课。

(2) Xīngqīsān wǒmen yǒu tǐyùkè, wǒmen qù yùndòngchǎng.
星 期 三 我 们 有 体 育 课，我 们 去 运 动 场。

(3) Xīngqīliù wǒ méiyǒu kè, wǒ qù túshūguǎn.
星 期 六 我 没 有 课，我 去 图 书 馆。

(4) Wǒmen bān yǒu èrshí ge xuésheng, shíyī ge nán xuésheng, jiǔ ge nǚ xuésheng.
我 们 班 有 二 十 个 学 生，十 一 个 男 学 生，九 个 女 学 生。

第四单元测验部分答案

1. 听录音填空。

录音文本：
我是小海，星期一我有中文课，星期二我有体育课，星期五我有法文课。
我是Mary，星期二我有体育课，星期三我有中文课，星期四我有英文课。
我是Tom，星期一我有英文课，星期四我有法文课，星期五我有体育课。
我是Mary，星期一我有法文课，星期二我有中文课，星期三我有体育课。
我是丽丽，星期三我有英文课，星期四我有法文课，星期五我有体育课。

答案：

	Mon.	Tues.	Wed.	Thur.	Fri.
Xiǎohǎi	Chinese	P.E.			French
Mary		P.E.	Chinese	English	
Tom	English			French	P.E.
Mary	French	Chinese	P.E.		
Lìli			English	French	P.E.

3. 给词语注上拼音。

tǐyùguǎn	yùndòngchǎng	lǐtáng	wǒmen	bān
体 育 馆	运 动 场	礼 堂	我 们	班
Yīngwén	tǐyù	Zhōngwén	méiyǒu	xuésheng
英 文	体 育	中 文	没 有	学 生

4. 英汉对应。

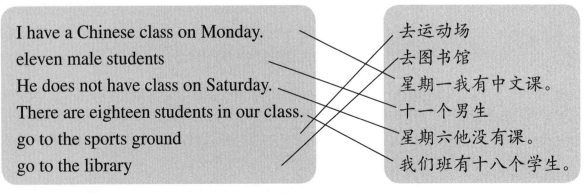

I have a Chinese class on Monday.
eleven male students
He does not have class on Saturday.
There are eighteen students in our class.
go to the sports ground
go to the library

去运动场
去图书馆
星期一我有中文课。
十一个男生
星期六他没有课。
我们班有十八个学生。

5. 根据拼音写汉字。

（1） Zhōngwénkè　　Fǎwénkè

中（文课）　（法文课）

（2） xīngqī　　　　túshūguǎn

（星）期　　（图书馆）

（3） Wǒmen bān yǒu èrshí ge xuésheng.

我们　班　有　二十个（学生）。

（4） nán xuésheng　　nǚ xuésheng

（男学生）　（女学生）

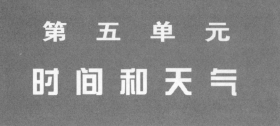

第 五 单 元
时 间 和 天 气

第十三课　现在几点

教学目标

交际话题：问钟点。
语言点：现在几点？
　　　　现在五点半。
生　　词：现在　几　点　半
汉　　字：现　几　点　半

一、基本教学步骤及练习要点

（一）导入：让学生看句型图，猜猜本课内容是什么。说钟点的时候需要会说1~12的数字，所以先复习1~12的数字。

（二）做练习1，目的是听懂整点和半点的时间表达。

（三）做练习2，目的是通过朗读了解本课句型。

（四）做练习3，听录音，根据内容依次在钟表上画出指针。

（五）做练习4，目的是掌握问时间和说明时间的汉语。准备若干张钟表图片，打乱顺序，老师随便抽取。学生问"现在几点？"然后别的学生根据图片用"现在……"回答。根据学生说话的情况，有重点地多展示其中的几张，比如"四"和"十"的发音比较难，"两"比较特殊，以及其他学生容易犯错的数字。

（六）做练习5，认读。先做连线练习，把相应的汉字和英文用线连起来。注意"几"和"儿"的区别。可用生词卡片做"猜字"或"猜词"练习。

（七）做练习6，翻译。

（八）做练习7，写"现、几、点、半"。老师先在黑板上示范，学生用手跟着写。然后让学生数笔画。最后复印练习纸，让学生自己写。

（九）做练习8，语音练习。这个绕口令主要练习r的发音。

（十）教师用书练习说明：

（1）根据钟表说出时间。练习目的是进一步练习除整点和半点以外的时间表达，并学习25~60的数字。

（2）根据图示进行对话。练习目的是巩固本课句型，并复习"你去哪儿"和"吃饭、喝茶、图书馆、教室"。

附：录音文本和答案

（一）练习1

①一点　　　　②七点　　　　③四点　　　　④两点

⑤十点半　　　⑥五点半　　　⑦十二点半　　⑧十一点半

（二）练习3

（1）现在几点？

现在三点半。

（2）现在几点？

现在九点半。

（3）现在几点？

现在十二点半。

（4）现在几点？

现在六点半。

二、练习与课堂活动建议

（一）根据钟表说出时间。

（二）根据图示完成对话。

（1）A：现在几点？　　　　　　　　　　　B：现在_____。

你去哪儿？　　　　　　　　　　　我去_____。

（2）A：现在_____？　　　　　　　　B：现在_____。

你_____？　　　　　　　　　　我_____。

（3）A: _____?   B: _____。
　　　 _____?   　　_____。

（4）A: _____?   B: _____。
　　　 _____?   　　_____。

（三）在空格里用汉字填写时间，然后朗读。

（1）我早上_____吃饭，我喜欢吃面包。

（2）我_____去教室，我喜欢中文课。

（3）我_____去图书馆，我喜欢看书。

（4）我_____喝咖啡，我不喝茶。

三、语言点与背景知识提示

（一）数量词作谓语

数量词可以直接作谓语，在这类句子里没有动词。比如：

　　现在五点。

　　今天十二号。

　　他三十四岁。

　　苹果三块（一斤）。

　　每人一张。

（二）几

一般情况下，"几"表示十以内的数字，而且后面一定要有量词，比如：

　　小朋友，你几岁了？

　　你家有几口人？

问"十"以上的数字用"多少"，后面常常不带量词，比如：

　　这件衣服多少钱？

　　这个学校有多少（个）学生？

在答案明显是十以上数字的问题里不能用"几"，比如：

　　　　✕ 老师，您几岁了？

但在说话人没有预想到回答的时候用"几"和"多少"都可以。比如：

　　　　这种苹果多少钱一斤？　（三块）

　　　　你们班有几个人？　（二十多个）

（三）时间的其他表达

除了本课学习的表达法，还可以用其他方法表达时间。

　　　　1:15　一点一刻

　　　　1:30　一点三十

　　　　1:45　一点三刻　　　　　　　差一刻两点

（四）日晷（guǐ）

　古代的中国人曾经用日晷来测定时间，一般是在有刻度的盘子中央装一根与盘垂直的棍，根据太阳投射棍的影子在盘上的刻度来看时间。

Sundials

In ancient China, people used sundials to determine the time. A sundial was typically a disc marked at intervals, with a pole vertically through the centre. By the shadow cast by the stick on the disc it was possible to tell the time.

第十四课 我的生日

教学目标

交 际 话 题：生日。

语 言 点：你的生日是几月几号？
我的生日是一月二十四号。
我十四岁。

生 词：的 我的 生日 月 号
岁 你的

汉 字：日 月 号 岁

一、基本教学步骤及练习要点

（一）导入：让学生说说他们的生日是在几月几号，过生日的时候怎么庆祝？

（二）做练习1，按照录音顺序在相应的日期下面标出号码。

（三）做练习2，朗读。

（四）做练习3，按照录音内容把人物和生日连起来，然后在线上写出岁数。

（五）做练习4，两人对话，互相问生日。告诉学生：汉语在表达日期的时候很方便，在数字后面加上"月""号"就可以了。随便说几个日期，鼓励学生自己表达。

（六）做练习5，把词语和相应的英文用线连起来。练习目的是认读本课生词。先做连线练习，然后用生词卡做"猜字"或"猜词"练习。

（七）做练习6，朗读并翻译。

（八）做练习7，写"日、月、号、岁"。

（九）教师用书练习说明：

练习1，学生两人一组，甲根据自己的心意把右栏中的礼物分配给左栏里的人，乙听懂什么礼物分给谁，用拼音记下来或画出来，甲只能说，不能用其他提示。然后乙根据记录告诉丙，丙记录，如此换两三个人。练习做完后看看礼物分对了没有。

附：录音文本和答案

（一）练习1

① 六月　　② 九月　　③ 一月　　④ 十二月

⑤ 八号　　⑥ 二十号　　⑦ 十四号　　⑧ 二十四号

（二）练习3

（1）Tom，你的生日是几月几号？

我的生日是八月七号，我十五岁。

（2）明明，你的生日是几月几号？

我的生日是六月二十五号，我十三岁。

（3）小红，你的生日是几月几号？

我的生日是十二月三号，我十岁。

（4）Ann，你的生日是几月几号？

我的生日是四月十号，我十六岁。

二、练习与课堂活动建议

* 练习

（一）分派礼物。

小红的哥哥	书
Tom的姐姐	咖啡
明明	猫
丽丽	茶
Ann的弟弟	狗
小龙	水果

（二）学习"年"的用法。

（1）说出下面的年份：

1999年　　　　1949年　　　　1867年　　　　1325年

（2）说出下面的日期（日/月/年）：

15/7/1968　　　　　　27/8/1936

24/9/1975　　　　　　4/10/1998

* 课堂活动建议

如果能推算学生的生肖，让学生用复印的生肖剪纸图案制作生日贺卡，教学生在贺卡上写"生日快乐"。

三、语言点与背景知识提示

（一）助词"的"

汉语的定语和中心语中间有的时候要用结构助词"的"，比如：

我的生日　你的老师

有的时候不用，比如数量短语作定语时，后面不能用，比如：

二十五个学生　五个房间

人称代词后面的中心语是表示亲属关系和集体单位的名词时，可用可不用，比如：

我（的）爸爸　　我们（的）班　　　你们（的）学校

（二）汉语日期的表达

在表达日期时，中国人习惯从大到小，先说年，后说月，再说日。比如1975年8月1日。这种思维习惯还表现在说姓名、地址的时候，先说整体的，再说具体的。比如：

王小明　北京市海淀区学院路15号3号楼108房间

Expressing Dates in Chinese

When expressing the date, Chinese people typically go from big to small: they first say the year, then the month, followed by the date. For example, 1975 *nian* (year) 8 *yue* (month) 1 *ri* (date).This way of thought also appears in the way people say their names (surname then first name), and in telling someone an address—put the general before the specific. For example: Wáng Xiǎomíng (family-person), Běijīng Shì Hǎidiàn Qū Xuéyuàn Lù 15 hào 3 hào lóu 108 fángjiān (city-district-road-court-building-room).

（三）中国人庆祝生日

在民间，孩子出生后满一个月的时候，家人要为他举办庆祝活动，宴请亲朋好友，亲朋好友也会送些表示吉祥的小礼物给孩子，比如长命锁、手镯等等，这样的活动有时在孩子满一百天的时候举行。此后过生日的时候，传统的食品是长寿面、寿桃。老人过生日的时候逢"五"或"十"，庆祝活动会隆重一些，家人或朋友送的礼物可能是工艺品，比如画，上面一般有松柏、仙鹤、寿字、寿星等图案，或是写有祝词的书法作品，还有补品、酒等等。

Chinese People Celebrating Birthdays

When a child is one month old, it is usual for the family to hold some kind of celebration for him or her, such as inviting close friends and relatives to dinner. These friends and relatives may give the child some small gifts to bring good luck such as a longevity lock, longevity neck-lace or bracelets etc. Sometimes this kind of activity also takes place when a child reaches one hundred days old. For birthdays after this, the traditional foods are longevity noodles and peach-colored birthdaycake. For birthdays of elderly people once they reach typically every 5 or 10 years, the celebration may be more ceremonious. Gifts given by family and friends may include craftwork, or perhaps a painting. On the gifts are usually images of cypress trees, red crowned cranes, characters symbolizing longevity, and the god of longevity etc, or there may be calligraphy offering good wishes. Health tonics, or wine may also be given.

（四）干支和生肖

古代中国人拿十天干和十二地支相配，共配成六十组，用来表示年、月、日的次序，周而复始，循环使用。干支最初用来纪日，后来多用于纪年，现在中国的农历年份还在使用干支。

十天干是：甲jiǎ，乙yǐ，丙bǐng，丁dīng，戊wù，己jǐ，庚gēng，辛xīn，壬rén，癸guǐ。

十二地支是：子zǐ，丑chǒu，寅yín，卯mǎo，辰chén，巳sì，午wǔ，未wèi，申shēn，酉yǒu，戌xū，亥hài。

干支纪年如"甲子年""乙丑年""丙寅年"等等。

人们又用十二种动物来代表十二地支，用来记人的出生年，这十二种动物是：（子）鼠、（丑）牛、（寅）虎、（卯）兔、（辰）龙、（巳）蛇、（午）马、（未）羊、（申）猴、（酉）鸡、（戌）狗、（亥）猪。

The Heavenly Stems and Earthly Branches and Chinese Years

In ancient times, people used to match together the Ten Heavenly Stems with the Twelve Earthly Branches. They are arranged in 60 groups, symbolizing the cycle of years, months and days repeated in a circle. The Heavenly Stems and Earthly Branches were initially used to record days, later they were used to record years. Nowadays the traditional Chinese (lunar) calendar still uses these signs.

The Ten Heavenly Stems are jiǎ, yǐ, bǐng, dīng, wù, jǐ, gēng, xīn, rén, guǐ.

The Twelve Earthly Branches are zǐ, chǒu, yín, mǎo, chén, sì, wǔ, wèi, shēn, yǒu, xū, hài.

The Heavenly Stems and Earthly Branches mark years in the following way: jiǎzǐ, yǐchǒu, bǐngyín etc.

People also use twelve types of animal to represent the twelve earthly branches, originally used to symbolize the year of birth. These animals are:

(zǐ) rat　　(chǒu) ox　　(yín) tiger　　(mǎo) rabbit　　(chén) dragon　　(sì) snake
(wǔ) horse　(wèi) sheep　(shēn) monkey (yǒu) chicken　(xū) dog　　　　(hài) pig

第十五课　今天不冷

一、基本教学步骤及练习要点

（一）导入：上一课学习了生日是几月几号。说时间的时候我们常常会用到"今天、昨天"等等。所以本课学习的是"今天、昨天"和天气情况。

（二）做练习1，听录音，按照内容在相应的空格里做标记。练习目的是听懂"昨天""今天"，同时复习课程名称。

（三）做练习2，朗读，练习目的是了解句型，并知道"冷、热"的说法。

（四）做练习3，听录音，按照内容在空格内做标记。做练习之前老师可以带学生再说几遍"冷、热、不冷、不热"，然后和学生一起决定这四种天气的标记样式。

（五）做练习4，按照图示说出指定城市的天气情况。老师做一个示范：用英文问"伦敦的天气怎么样？"用中文回答"昨天冷，今天不冷"。老师用英文问某些城市的天气怎么样，比如"北京、上海"等，城市名可用英文说。学生参考图片用中文回答。

（六）做练习5，把中文和相应的英文用线连起来。

（七）做练习6，朗读并翻译句子。

（八）做练习7，写"今、天、冷、热"。

附：录音文本和答案

（一）练习1

（1）昨天有中文课，今天没有中文课。

（2）昨天没有法文课，今天有法文课。

（3）昨天没有英文课，今天有英文课。

（4）昨天有体育课，今天没有体育课。

练习答案：

	中文课	法文课	英文课	体育课
昨天	√	×	×	√
今天	×	√	√	×

（二）练习3
北京：昨天不冷，今天冷。
上海：昨天很热，今天不热。
香港：昨天不热，今天热。

 二、练习与课堂活动建议

*　练习
（一）朗读并模仿会话。

（二）完成下面的对话。

A：今天是几月几号？

B：今天是＿＿＿＿＿＿＿。

A：＿＿＿＿＿＿＿星期几？

B：＿＿＿＿＿＿＿。

A：今天是星期二吗？

B：＿＿＿＿＿＿＿。

A：今天是你的生日吗？

B：＿＿＿＿＿＿＿。

* 课堂活动建议

让学生准备一些小纸片，分别在纸片上写上两组不同意义的词语的拼音：

1. 人或动物——比如"我、鱼"
2. 日期——比如"今天、×月×号"
3. 时间——比如"早上、×点"
4. 地点——比如"在家、在运动场"
5. 动作——比如"吃、看、叫"
6. 人、动物或东西——比如"爸爸、猫、书"

每人共写十二张，把所有纸片按意义分装在六个盒子里，依次让学生分别从六个盒子任意抽出六张纸片，按上面号码的顺序排好，读一遍。

老师帮助学生从词到句了解这个超长句子的意思，必要时可以翻译成英语，看看哪个句子最离奇，比如"鱼今天八点在上海吃猫"。

三、语言点与背景知识提示

（一）"不"的变调

"不"在一声、二声、三声字的前面是原调，比如：

一声：不听　不说　不吃　不喝

二声：不学　不难　不来　不行

三声：不好　不喜欢　不冷　不小

"不"在四声的前面变成二声，比如：

四声：不热　不大　不是　不看　不去　不要

（二）象形字

用象形的方法造出的汉字是象形字。象形是最古老、最基本的汉字造字法，就是依照物体的轮廓和主要特点，用线条画出这个物体的形状。许多描述具体事物的字都属于这类字，如"日、月、山、木、火"等。

（三）中国的气候

中国国土面积辽阔，地形复杂，各地距离海边的远近差异很大，所以气候复杂多样。比如东北的最北边全年没有夏天，海南岛没有冬天，北方四季分明，西南的云贵地区四季如春，青藏高原终年积雪，西部内陆昼夜温差非常大。总的特点是：全国夏季普遍高温，冬季南北温差大，降水量从东南向西北递减。

Chinese Climate

China is a vast country and the topography is complex. Since some places are very close to the sea, and some very far from it, thus the climate is complex and varied. For example, in the eastern part of north China, there is no summer all year round; Hainan Island has no winter; northern China has four distinct seasons; in the south-west China region of Yunnan and Guizhou, the seasons resemble springtime the whole year round, while on the Qingzang Plateau there is snow throughout the year; in the interior of north-west China, daily temperature changes are great. In all, the main points are: countrywide the summers are generally hot, temperature differences in winter between the north and south are very great. Precipitation is higher in the south-east and gets gradually lower towards the north-west.

第五单元测验

1. **听录音，完成练习。**

   （1）听录音，在相应的图片下面写出序号。

   （2）听录音，在相应的名字后面写出生日。

   Tom_____   Mary _____

   Mike _____   Ann _____

2. **说出你的生日和年龄。**

   参考词语: 生日、月、号、岁

3. **朗读。**

   Jīntiān shì shí yuè sān hào, shì wǒ bàba de shēngri.
   今天 是 十 月 三 号，是 我 爸爸 的 生 日。

   Xiànzài bā diǎn bàn, wǒ qù chī hǎixiān.
   现 在 八 点 半，我 去 吃 海 鲜。

   Wǒ hěn lěng, wǒ xiǎng hē rè chá.
   我 很 冷，我 想 喝 热 茶。

4. **写汉字。**

   xiànzài（now）   _____

   jǐ yuè（which month）   _____

   jīntiān（today）   _____

5. **翻译。**

   A. 把中文翻译成英文:

   Zuótiān hěn lěng, jīntiān bù lěng.
   （1）昨 天 很 冷，今 天 不 冷。

   Xiànzài qī diǎn bàn.
   （2）现 在 七 点 半。

   B. 把英文翻译成中文:

   （1）What time is it now?

   （2）My birthday is 14th August.

第五单元测验部分答案

1. 听录音，完成练习。

（1）听录音，在相应的图片下面写出序号。

① 现在几点？
现在十点半。
② 现在几点？
现在八点二十。
③ 现在几点？
现在四点。
④ 现在几点？
现在两点半。

（2）听录音，在相应的名字后面写出生日。
我叫Tom，我的生日是二月十号。
我叫Mary，我的生日是七月二十八号。
我叫Mike，我的生日是十一月三十号。
我叫Ann，我的生日是三月六号。

4. 写汉字。

现在　几月　今天

5. 翻译。

B. 把英文翻译成中文：
（1）现在几点？
（2）我的生日是八月十四号。

第 六 单 元
工 作

第十六课　他是医生

教学目标

交 际 话 题：谈职业。

语 言 点：他是不是画家？

他是画家。

生　　词：医生　画家　工程师　教师

商人　工人

汉　　字：是　师　工　画

一、基本教学步骤及练习要点

（一）导入：教师简单询问学生对未来职业的打算，将学生带入规定情景中；同时尽量使用与本课生词相关的话题，使学生熟悉本课即将涉及到的生词，明确学习任务。

（二）学习生词：本课生词都是关于职业的，教师可先让学生看本课练习1的图片，然后听教师读生词，让学生自己猜，把生词的声音和图片的形象进行联系。学生猜测完毕后，教师再作解释，让学生检查自己猜得对不对。

（三）教师领读生词，同时注意纠正学生的发音。

（四）做练习1，让学生听录音，听的同时把磁带上生词的编号填写进空格内。

（五）做练习2，目的在于让学生接触生词的汉字和拼音形式，为本课以后的学习做准备。

（六）做练习3，朗读练习，将本课的基本句型用阶梯的形式列出，使学生在朗读中熟悉本课的基本句型。

（七）导入"他不是……"的句型。本课语法点中介绍了由判断词"是"构成的判断句的肯定形式、否定形式及疑问形式。判断句的肯定形式在本册的第二课和第四课中已经学习过，如："我是中国人。""这是我爸爸，那是我妈妈。"请教师引导学生复习。在导入判断句的否定形式时，请教师提醒学生注意，在汉语判断句的否定形式中，否定副词"不"应该用在判断词"是"的前面，与英语的"He is not a ..."的结构不同。（见本课语言点）

（八）导入句型"他是不是……"。请注意两种提问方式结构上的不同："他是……吗？"的疑问句，必须有表示疑问的助词"吗"；而正反疑问句"他是不是……？"则不需要疑问助词。请在做练习4、5、6时向学生加以强调说明。

（九）做练习7，此练习为本课句型的应用练习。

练习1

（1）学生　　　　　（2）教师　　　　　（3）医生　　　　　（4）商人

（5）工程师　　　　（6）画家　　　　　（7）工人

答案：　（1）①　　　（2）⑦　　　（3）⑤　　　（4）③

　　　　　（5）⑥　　　（6）④　　　（7）②

二、练习与课堂活动建议

＊　练习

（一）找拼音。

（1）工人　　　　gōngrén

（2）工程师　　　_____

（3）医生　　　　_____

（4）画家　　　　_____

（5）商人　　　　_____

（6）教师　　　　_____

> jiàoshī
>
> huàjiā
>
> gōngrén
>
> shāngrén
>
> gōngchéngshī
>
> yīshēng

（二）读拼音，写英语。

（1）huàjiā　　　　　　　painter

（2）yīshēng　　　　　　_____

（3）gōngchéngshī　　　_____

（4）jiàoshī　　　　　　_____

（5）shāngrén　　　　　_____

（6）gōngrén　　　　　　_____

（三）看英语，找汉语。

（1）Mike is a student.	（3）	Lìli shì gōngchéngshī ma?
（2）Xiaohong's brother is not a painter.		Tā shì bú shì shāngrén?
（3）Is Lili an engineer?		Mike shì xuésheng.
（4）Are you a doctor or not?		Nǐ shì bú shì yīshēng?
（5）Is he a businessman or not?		Xiǎohóng de gēge bú shì huàjiā.

（四）看图片，完成对话。

（1）他是工程师吗？
　　他是工程师。

（2）他是不是工人？
　　他是工人。

（3）＿＿＿＿＿吗？
　　他是医生。

（4）＿＿＿＿＿？
　　他是画家。

（五）翻译。
（1）这是我家。我爸爸是医生，妈妈是教师，姐姐是工人，哥哥是学生，我也是学生。
（2）今天有中文课，我八点去学校。我喜欢中文，你呢？
（3）你也是学生吗？你几点去学校？你喜欢什么课？

附：练习答案
（一）练习2
（2）doctor
（3）engineer
（4）teacher
（5）businessman
（6）worker

（二）练习3

（1）Mike is a student.	（3）	Lìli shì gōngchéngshī ma?
（2）Xiaohong's brother is not a painter.	（5）	Tā shì bú shì shāngrén?
（3）Is Lili an engineer?	（1）	Mike shì xuésheng.
（4）Are you a doctor or not?	（4）	Nǐ shì bú shì yīshēng?
（5）Is he a businessman or not?	（2）	Xiǎohóng de gēge bú shì huàjiā.

（三）练习4

（3）他是医生吗？

（4）他是不是画家？

＊ 课堂活动建议

（一）让学生扮演画家、医生、工程师、工人、教师、商人的角色，由教师提示句型。如教师说出"……是……"，扮演该角色的学生就用自己的角色造句子："我是……"其余的学生变换主语人称，说出"他是……"，或用该学生的名字说出，如"John 是……"。教师继续提示："……是……吗？"扮演该角色的学生造句："我是……吗？"其他学生变化主语形式，说出："他是……吗？"或"John 是……吗？"本练习也可以用于"……是不是……？"句型。教师在学生提问的时候可以启发学生用"……不是……"回答。

（二）猜一猜

教师准备一些学过的部分生词的卡片，如"医生""工程师""教师""画家""商人""中国人""英国人""小海""李小龙"等，也可以准备一些表示物品的生词，如"茶""咖啡""水果""鱼"等；如果为了活跃课堂气氛，还可以准备一些让学生意想不到的词语，比如"猫"和"狗"。选一个学生抽取其中的任意一张卡片，让这个学生自己看卡片的内容，其他学生猜这张卡片，用本课学过的疑问句形式提问，如："他是不是商人？""他是李小龙吗？"每个学生都要提问，然后让拿到卡片的学生用判断句的肯定或否定形式回答。

三、语言点与背景知识提示

（一）他是画家。

"是"是汉语中的一个判断词，"名词 ＋ 是"是汉语中常用的句式，表示对事物作出判断。在本册第二课中已经学过了"我是中国人"，第四课学过"这是我爸爸，那是我妈妈"。常见的例句还有：

他是学生。

我是英国人。

那是我哥哥。

这是我同学。

（二）他不是画家。

"是"字的前面加"不"，构成判断句的否定形式。否定词"不"用在判断词"是"的前面，与英语的"He is not ..."的意思基本相同。但是，在英语中，否定词"not"用在系动词"be"的后面，而汉语中相反。如：

他不是学生。

我不是英国人。

那不是我哥哥。

这不是我同学。

（三）他是不是画家？

由"是不是"构成的正反疑问句形式，是汉语中一种常见的疑问句。这种句式把"是"和"不是"这两种肯定和否定的可能性提供给对方，要求对方从中选择一种来回答问题。选择疑问句的句尾不能使用疑问词"吗"。如：

你	是	不	是	中国人？
他	是	不	是	学生？
那	是	不	是	你哥哥？
这	是	不	是	你同学？

其他动词也可以构成正反疑问句。例如：

你	吃	不	吃	面包？
爸爸	喝	不	喝	咖啡？
姐姐	喜欢	不	喜欢	这个电影？

第十七课　他在医院工作

教学目标

交 际 话 题： 谈工作单位。

语 言 点： 他在哪儿工作？
他在医院工作。

生 词： 工作　医院　护士　司机　校长
售货员　商店　工厂

汉 字： 校　长　院　机

一、基本教学步骤及练习要点

（一）导入：本课的话题为"谈工作单位"，即把职业与工作场所结合起来。教师可与学生简单谈论几种职业的工作场所，比如"医生在医院工作；教师在学校工作"等，让学生了解本课的学习任务。

（二）学习生词：教师可以尽量把本课关于职业和工作场所的生词结合起来介绍给学生，也可以利用第十六课学过的生词，如"医生""医院""商人""商店"等。

（三）教师领读生词，注意纠正学生的发音。可以按照讲解生词的顺序领读，也可以让学生自己配对朗读。

（四）做练习1、2和3，掌握本课表示职业的生词和表示工作地点的生词之间的搭配，同时开始熟悉基本句型。

（五）导入表示处所的介词"在"（见本课"语言点与背景知识提示"）。教师可适当复习第一和第三单元的内容，并引导学生联想，如：医生在哪儿工作？教师在哪儿工作？妈妈在哪儿买东西？你在哪儿上课？小红家在哪儿？明明家在哪儿？做练习4。

注意："买东西""上课"是生词，请教师在使用例句时加以解释。

（六）导入带有疑问代词"哪儿"的句子（见第三课"语言点与背景知识提示"）。

建议：教师可以用卡片组成"医生在医院工作"的句式，然后将处所"医院"拿掉，成为"医生在……工作"，让学生从生词里找出合适的词来完成疑问句。做练习5，由教师引导学生完成后，可以让学生作分组问答练习。

（七）做练习8，确认本课所学句型与生词。

附：录音文本和答案
（一）练习1

（1）护士　　　（2）商店　　　（3）售货员　　　（4）司机
（5）工厂　　　（6）医生　　　（7）校长　　　　（8）医院

87

（二）练习7

（1）A：你是中国人吗？你在哪儿工作？

B：我是中国人，我在北京工作。

（2）A：你是医生吗？你在哪儿工作？

B：我是医生，我在医院工作。

（3）A：你是教师吗？你在哪儿工作？

B：我是教师，我在学校工作。

答案：（1）zài Běijīng;　　　　　（2）zài yīyuàn;

（3）jiàoshī, zài xuéxiào gōngzuò.

二、练习与课堂活动建议

＊ 练习

（一）看拼音，找汉字。

（1）yīyuàn

（2）sījī

（3）shòuhuòyuán

（4）gōngzuò

（5）shāngdiàn

（6）xiàozhǎng

（7）hùshi

（1）司机
（2）商店
（3）护士
（4）医院
（5）校长
（6）工作
（7）售货员

（二）读拼音，写英语。

（1）gōngzuò　　　　　　　　work

（2）yīyuàn　　　　　　　　_____

（3）shāngdiàn　　　　　　　_____

（4）xiàozhǎng　　　　　　　_____

（5）hùshi　　　　　　　　　_____

（6）sījī　　　　　　　　　　_____

（7）shòuhuòyuán　　　　　　_____

（三）给拼音句子标号。

（1）他是教师，他在学校工作。		Wǒ shì yīshēng, wǒ zài yīyuàn gōngzuò.
（2）我是医生，我在医院工作。		Tā shì jiàoshī, tā zài xuéxiào gōngzuò.
（3）她是售货员，她在商店工作。	（4）	Mike shì xuésheng ma? Tā zài xuéxiào xuéxí ma?
（4）Mike是学生吗？他在学校学习（xuéxí, to study）吗？		Tā shì shòuhuòyuán, tā zài shāngdiàn gōngzuò.

（四）读英语，说汉语。

（1）A：Are you a student?　　　　　　A：你是学生吗？

　　　B：Yes, I am.　　　　　　　　　　B：我是学生。

（2）A：Are you an engineer or not?　　A：你是不是工程师？

　　　B：No, I am not an engineer.　　　B：_____。

（3）A：Are you a worker or not?　　　A：_____？

　　　B：Yes, I am a worker.　　　　　B：_____。

（五）朗读并模仿说话。

　　　　Nǐ hǎo! Wǒ jiào Xiǎohǎi, wǒ shì Zhōngguórén.
A：你 好! 我 叫 小海, 我 是 中国人。

　　　　Nǐ hǎo! Wǒ shì Mike, wǒ shì Yīngguórén.
B：你 好! 我 是 Mike, 我 是 英国人。

　　　　Nǐ shì xuésheng ma?
A：你 是 学生 吗?

　　　　Wǒ shì xuésheng, nǐ ne?
B：我 是 学生, 你 呢?

　　　　Wǒ bú shì xuésheng. Wǒshì yīsheng, wǒ zài yīyuàn gōngzuò.
A：我 不 是 学生。我是 医生, 我 在 医院 工作。

（六）翻译。

　　　　Tom de gēge shì shòuhuòyuán, tā zài shāngdiàn gōngzuò.
（1）Tom 的 哥哥 是 售货员, 他 在 商店 工作。

　　　　Mary de gēge shì jiàoshī, tā zài xuéxiào gōngzuò.
（2）Mary 的 哥哥 是 教师, 他 在 学校 工作。

　　　　Xiǎohǎi de jiějie shì Zhōngwén jiàoshī, tā zài Yīngguó gōngzuò.
（3）小海 的 姐姐 是 中文 教师, 她（she）在 英国 工作。

　　　　Wǒ bàba shì yīsheng, tā zài yīyuàn gōngzuò.
（4）我 爸爸 是 医生, 他 在 医院 工作。

附：练习答案

（一）练习1

（2）　1　　　　　　　（3）　7

（4）　6　　　　　　　（5）　2

（6）　5　　　　　　　（7）　3

（二）练习2

（2）hospital　　　（3）shop　　　（4）headmaster

（5）nurse　　　（6）chauffeur　　　（7）salesman

（三）练习3

（1）他是教师，他在学校工作。	（2）	Wǒ shì yīsheng, wǒ zài yīyuàn gōngzuò.
（2）我是医生，我在医院工作。	（1）	Tā shì jiào shī, tā zài xuéxiào gōngzuò.
（3）她是售货员，她在商店工作。	（4）	Mike shì xuésheng ma? Tā zài xuéxiào xuéxí ma?
（4）Mike是学生吗？他在学校学习（xuéxí，to study）吗？	（3）	Tā shì shòuhuòyuán, tā zài shāngdiàn gōngzuò.

（四）练习4

（2）我不是工程师。

（3）你是不是工人？

　　　我是工人。

三、语言点与背景知识提示

他在医院工作。

在：介词，后面可以跟处所词，构成"主语＋在＋处所＋动词"形式，如：

　　他在医院工作。

　　他在学校工作。

其他例子如：

主语	在	处所	动词
他	在	食堂	吃饭
我	在	图书馆	看书
Ann	在	学校	学习

请注意，在英语的"somebody works in/at somewhere"的句式里，"in/at somewhere"用在动词的后面；而汉语中"在 + 处所 + 动词"的句型，"在 + 处所"这一状语应该用在动词的前面，表示动作发生的处所。

第十八课　我想做演员

教学目标

交 际 话 题：工作打算。

语 言 点：我想做演员。
　　　　　您是演员吧？

生 　 词：您　演员　想　做　作家　科学家　吧

汉 　 字：您　想　吧　做

一、基本教学步骤及练习要点

（一）导入：本课的话题为谈工作打算。教师可启发学生谈对于将来职业的打算。如果学生谈的理想职业与本单元所学生词有关，可以让学生用汉语说出这些职业，并且启发他们谈自己喜欢的职业，便于导入本课"想做……"的句型。

（二）教师领读生词，注意纠正学生的发音。特别注意区别"您"和"你"的发音。

（三）做练习1和2，巩固本课的生词。

（四）教师领读练习3，熟悉本课句型。

（五）讲解"您"与"你"的区别（见本课语言点）。请教师准备一些为英国学生所熟知的人物形象，如莎士比亚（William Shakespeare，1564—1616）、牛顿（Newton, Sir Isaac，1642—1727）、毕加索（Picasso Pablo，1881—1973）、李小龙等。让学生模拟与这些人物在同一情景中用"您"做对话练习，可以使用以前学过的句型和本课的生词。如：

您是莎士比亚吧？您是作家吧？

您是牛顿吧？您是科学家吧？

您是毕加索吧？您是画家吧？

您是李小龙吧？您是演员吧？

可以让学生扮演这些名人，由其他学生提问，让扮演名人的学生回答。

（六）讲解句型："我想做演员。"（见本课"语言点与背景知识提示"）做练习4和6。

（七）讲解"您是演员吧？"请注意区分疑问助词"吧"和"吗"在疑问句中的不同意思。由于用"吧"提问的疑问句多表示对于推断的确认，教师可以选择学生能够作出肯定回答的问题进行提问。如：莎士比亚是英国人吧？毛泽东是中国人吧？李小龙是演员吧？你是学生吧？让学生根据自己的已知信息作出回答。做练习5。

（八）练习7为学生做会话练习提供了三个基本句型，请教师在指导学生练习时引导学生在对话中使用。

附：录音文本和答案

（一）练习1

①科学家　　②想　　③作家　　④您　　⑤做　　⑥演员

②	想 xiǎng
③	作家 zuòjiā
①	科学家 kēxuéjiā
④	您 nín
⑥	演员 yǎnyuán
⑤	做 zuò

（二）练习4

（1）②　　　　　　（2）③　　　　　　（3）①

（三）练习5

（2）B：我是中国人。

（3）A：你 / 您是司机吧？

　　　B：我是司机。

（5）B：我想做画家。

（6）A：你想做工程师吗？

　　　B：我想做工程师。

二、练习与课堂活动建议

* 练习

（一）找拼音。

（1）您　　　　　　___nín___

（2）演员　　　　　_____

（3）作家　　　　　_____

（4）科学家　　　　_____

（5）做　　　　　　_____

（6）想　　　　　　_____

> nín
> zuòjiā
> xiǎng
> kēxuéjiā
> yǎnyuán
> zuò

（二）读拼音，写英语。

（1）zuò　　　　　　___to become___

（2）nín　　　　　　_____

（3）xiǎng　　　　　_____

（4）yǎnyuán　　　　_____

（5）zuòjiā　　　　　_____

（6）kēxuéjiā　　　　_____

93

（三）给拼音句子标号。

（1）您是演员吧？	（4）	Tā xiǎng zuò gōngchéngshī.
（2）你是老师吧？		Nín shì yǎnyuán ba?
（3）我想做画家。		Nǐ xiǎng zuò shòuhuòyuán ma?
（4）他想做工程师。		Nǐ shì lǎoshī ba?
（5）你想做售货员吗？		Wǒ xiǎng zuò huàjiā.

（四）连线。

Nǐ shì gōngchéngshī ba?
Wǒ shì gōngchéngshī.

Are you a painter?
Yes, I am a painter.

Nǐ xiǎng zuò yǎnyuán ba?
Wǒ xiǎng zuò yǎnyuán.

Are you an engineer?
Yes, I am an engineer.

Nǐ shì bú shì huàjiā?
Wǒ shì huàjiā.

Do you want to become an actor?
Yes, I want to become an actor.

（五）翻译，并回答问题。

Xiǎohóng
我叫 小红 ，我家在北京。

今天我有英文课，我喜欢英文，我想做老师。

Lìli
丽丽是我的同学，她喜欢 IT 课，她想做工程师。

问题：

Xiǎohóng
（1） 小红 喜欢什么课？

Xiǎohóng
（2） 小红 想做什么？

Lìli
（3）丽丽喜欢什么课？

Lìli
（4）丽丽想做什么？

（一）练习1

（2）yǎnyuán　　　　（3）zuòjiā　　　　（4）kēxuéjiā

（5）zuò　　　　　　（6）xiǎng

（二）练习2

（2）you　　　　　　（3）want to　　　　（4）actor; actress

（5）anthor; writer　（6）scientist

（三）练习3

（1）您是演员吧？	（4）	Tā xiǎng zuò gōngchéngshī.
（2）你是老师吧？	（1）	Nín shì yǎnyuán ba?
（3）我想做画家。	（5）	Nǐ xiǎng zuò shòuhuòyuán ma?
（4）他想做工程师。	（2）	Nǐ shì lǎoshī ba?
（5）你想做售货员吗？	（3）	Wǒ xiǎng zuò huàjiā.

＊课堂活动建议

与名人对话：教师准备一些名人的人名卡片，如莎士比亚、牛顿、比尔·盖茨（Bill Gates）、休·格兰特（Hugh Grant）、毕加索（Picasso Pablo）等，让学生随便抽取。抽到的学生扮演卡片上的人物，其他学生用本课学过的"您是……吧？"提问。扮演名人的学生可以做肯定的回答，然后问其他的学生"你想做……吗？"由学生任意回答。扮演名人的学生还可以用学过的生词和句型提问，如："你们有什么课？""你喜欢……课吗？"

三、语言点与背景知识提示

（一）您是演员吧？

"您"，"你"的敬称，对谈话的对方表示尊重时使用。如果对方不止一人，后面通常加数量词。如：

老师，您好！

您是中国人吗？

您二位是医生吗？

成龙先生，您喜欢英国吗？

"你"和"您"这两个汉字的发音非常接近，韵母和声调不同，用法也不同。请在使用时注意。

（二）我想做演员。

"想"，能愿动词，后边常带动词宾语。如：

主语	想	动词	宾语
我	想	吃	中国菜
他	想	做	演员
我	想	去	中国
小海	想	学	英文

这个句型与英语中的"I want to do something"相似，但是在汉语中，"想"的后面可以直接加动词作宾语，动词没有词形的变化，而英语中需要动词不定式作宾语。

（三）您是演员吧？

在本课中，陈述句的后面加"吧"，组成一个问句。"吧"不单纯表示提问，也有揣测的语气。如：你是中国人吧？你去图书馆吧？你想做工程师吧？

试比较：

你是中国人吧？	你是中国人吗？
你去图书馆吧？	你去图书馆吗？
你想做工程师吧？	你想做工程师吗？
（猜测某种可能性）	（不知道对方的情况，提问）

（四）指事字

用指事法造出的汉字是指事字。在象形字的基础上，用表意的象征性符号，或者用象形字结合其他符号来表意，就是指事。指事字可以分为两类，一类是用符号的组合构成，多表示抽象的概念，如"上、下、中、大、小"；另一类是在象形字的基础上加以变化构成的，表示抽象的事物，如"本、刃、母、末、亦"。我们在本册第二单元学习的汉语数词"一、二、三"就是最常见的指事字。指事字一般都是独体字，在汉字中的数量较少。

第六单元测验

1. 听录音，选择答案。

（1）

	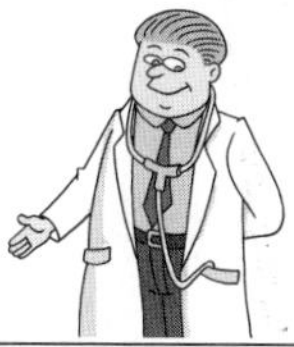	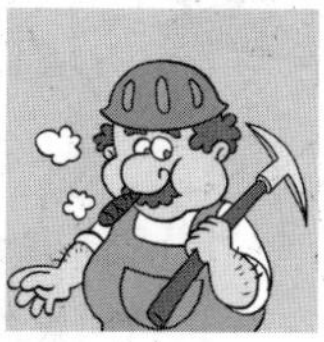	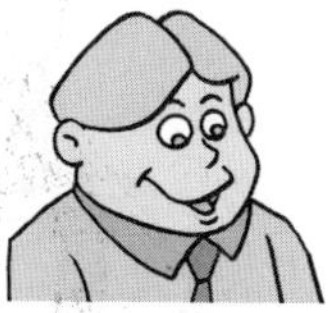	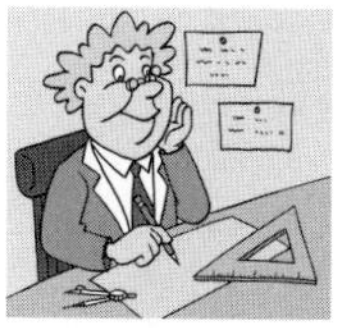
我			√	
他				√
小海	√	×		

（2）

	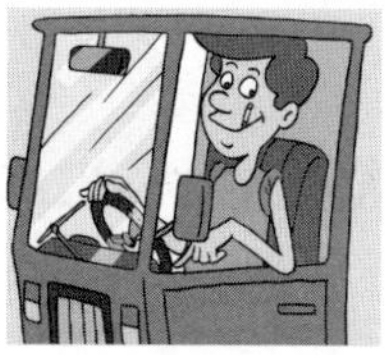	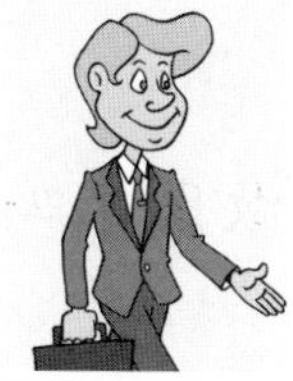	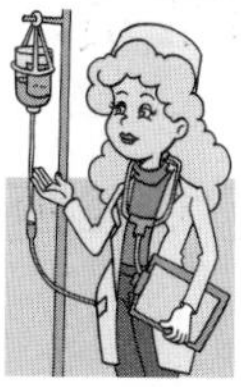	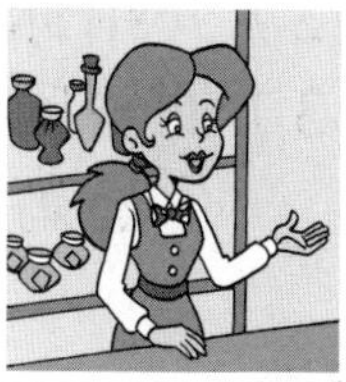
我				
哥哥				
我妈妈				

（3）

	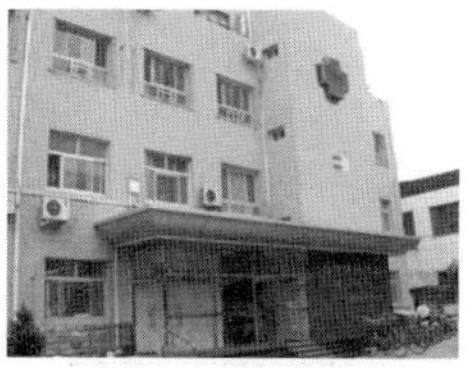	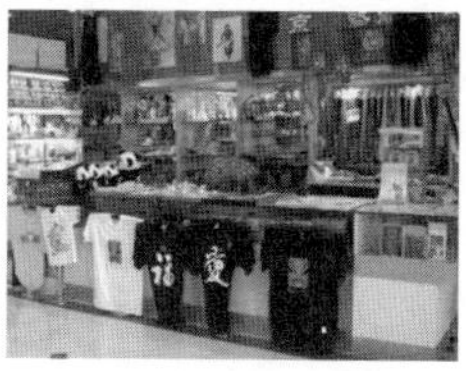	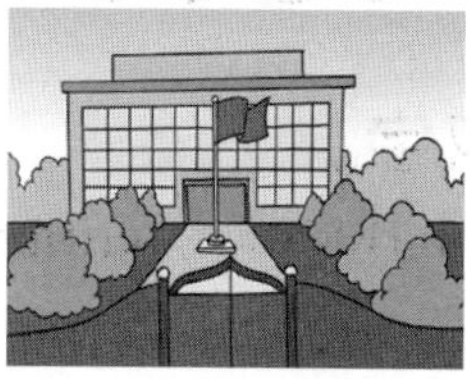
我			
他			
姐姐			

2. 说话练习。

bàba
爸爸

jiějie
姐姐

māma
妈妈

小明

（1）看图说话：介绍小明的家。
　　　小明的爸爸是……小明的妈妈是……
　　　他的姐姐是……小明是……
（2）介绍你的家庭成员。
（3）回答问题：
　　　你妈妈是不是工程师？你想做医生吗？医生在哪儿工作？

3. 朗读。

　　　　　Wǒ xǐhuan Lǐ Xiǎolóng, wǒ xiǎng zuò yǎnyuán.
（1）我 喜欢 李 小龙，我 想 做 演员。
　　　　　Xiǎohóng shì bú shì xuésheng? Tā xǐhuan Fǎwénkè ma?
（2）小红 是 不 是 学生？她喜欢 法文课 吗？
　　　　　Tā bú shì sījī,　 tā shì shòuhuòyuán,　 tā zài shāngdiàn gōngzuò.
（3）她不是司机，她是 售货员，她在 商店 工作。
　　　　　Bàba shì jiàoshī, zài xuéxiào gōngzuò. Jīntiān xīngqīyī, tā yào qù xuéxiào.
（4）爸爸是 教师，在 学校 工作。今天星期一，他要去 学校。

4. 写汉字。
　　（1）huàjiā（painter）　　　　　_____家
　　（2）zuòjiā（writer）　　　　　　_____家
　　（3）jiàoshī（teacher）　　　　　教_____
　　（4）xiàozhǎng（headmaster）　　_____
　　（5）gōngrén（worker）　　　　　_____
　　（6）gōngchéngshī（engineer）　　_____

5. 翻译。

    A. 把中文翻译成英文。

（1）<ruby>你是不是 老师？<rt>Nǐ shì bú shì lǎoshī?</rt></ruby>
你 是 不是 老师？

（2）<ruby>我 想 做科学家。<rt>Wǒ xiǎng zuò kēxuéjiā.</rt></ruby>
我 想 做科学家。

（3）<ruby>他 在 图书馆 工作。<rt>Tā zài túshūguǎn gōngzuò.</rt></ruby>
他 在 图书馆 工作。

（4）<ruby>小红 是 学生 吧？<rt>Xiǎohóng shì xuésheng ba?</rt></ruby>
小红 是 学生 吧？

    B. 英汉对应。

（1）Do you want to become an engineer?

（2）Is Xiaoming a driver?

（3）I am a nurse. I work in a hospital.

（4）He is a salesman. He goes to the store at 8:00 o'clock.

（   ）Tā shì shòuhuòyuán. Tā bā diǎn qù shāngdiàn.

（   ）Wǒ shì hùshi, zài yīyuàn gōngzuò.

（   ）Nǐ xiǎng zuò gōngchéngshī ma?

（   ）Xiǎomíng shì sījī ma?/ Xiǎomíng shì bú shì sījī?

第六单元测验部分答案

1. **听录音，选择答案。**

（1）我想做教师，他想做工程师；小海不想做工人，他想做医生。

（2）我是售货员，哥哥是司机；我妈妈不是商人，她是护士。

（3）我在医院工作，他在商店工作，姐姐在学校工作。

4. **写汉字。**

（1）画家　（2）作家　（3）教师　（4）校长　（5）工人　（6）工程师

5. **翻译。**

A. 把中文翻译成英文。

（1）Are you a teacher or not?

（2）I want to be a scientist.

（3）He works in the library.

（4）Is Xiaohong a student?

B. 英汉对应。

（4）　（3）　（1）　（2）

第 七 单 元
爱 好

第十九课　你的爱好是什么

教学目标

交 际 话 题：谈论爱好。

语 言 点：你的爱好是什么？
　　　　　　我的爱好是音乐。

生 词：爱好　音乐　电脑　游戏　电脑游戏
　　　　　上网　运动　他的　我们的

汉 字：什 么 音 乐

一、基本教学步骤及练习要点

　　（一）复习上一单元的内容，如职业、在哪儿工作、工作打算，和学生讨论这些是否是他们喜欢的职业，导入本课内容，喜欢什么，爱好是什么，学习生词。

　　（二）做练习1，熟悉生词的发音和意思，把音与义结合起来，上课开始的讨论可以参考此练习的词汇。

　　（三）做练习2，进一步熟悉发音和词语、句型的构成，并复习"的"的用法。

　　（四）做练习3，可以反复听录音并模仿表达方式：A的爱好是＋名词。

　　（五）做练习4，看图完成对话，熟悉问答方式：名词／名词性词组＋是什么？

　　（六）做练习5，巩固认读，用短语和句子的形式出现，加强整体理解，可以两人一组说英文找中文或说中文找英文，也可以老师任意朗读其中一句，让学生找出相应的句子。

　　（七）做练习6，翻译句子。

　　（八）根据情况选做教师用书中的部分练习。其中练习1、2帮助学生进一步熟悉词语；练习3判断正误，可听录音，也可由老师朗读；练习4，看英文说中文，之后可以让学生根据个人情况回答问题；练习5自由会话，进一步运用所学句型。

附：录音文本

（一）练习1

（1）医生　　　（2）医院　　　（3）运动　　　（4）运动场

（5）图书馆　　　（6）电脑游戏　　　（7）音乐　　　（8）上网

（二）练习3

（1）我叫小海，我的爱好是音乐。

（2）我叫丽丽，我喜欢体育课，我的爱好是运动。

（3）这是Tom，他是英国人。他的爱好是电脑游戏。

（4）Ann不喜欢运动，Ann的爱好是上网。

二、练习与课堂活动建议

＊　练习

（一）把正确的表达和图配在一起。

yīnyuè

diànnǎo

yùndòng

shàngwǎng

diànnǎo yóuxì

huàjiā

yīshēng

gōngchéngshī

（二）把相应的汉字、拼音、英文连接在一起。

（1）diànnǎo	运　动	sports ground
（2）diànnǎo yóuxì	运动场	computer
（3）shàngwǎng	画　家	music
（4）yīnyuè	电　脑	interest
（5）àihào	上　网	sports
（6）huàjiā	爱　好	to be online
（7）yùndòng	电脑游戏	computer games
（8）yùndòngchǎng	音　乐	painter

（三）听录音判断正误。

Tom de àihào shì yīnyuè.
（1）Tom 的 爱 好 是 音 乐。 　　　　（　　）

Tom de bàba yě xǐhuan yīnyuè.
（2）Tom 的 爸 爸 也 喜 欢 音 乐。 　　　（　　）

Mary de àihào shì yùndòng.
（3）Mary 的 爱 好 是 运 动。 　　　　　（　　）

Mary de gēge bù xǐhuan diànnǎo yóuxì.
（4）Mary 的 哥 哥 不 喜 欢 电 脑 游 戏。（　　）

（四）看英文，说中文并回答。
（1）What do you like?
（2）What is your hobby?
（3）Do you like sports?
（4）Are your interested in music?

（五）自由会话。
3~4个学生一组，互相询问爱好。参考句型：

Nǐ de àihào shì shénme?
你 的 爱 好 是 什 么？

Nǐ xǐhuan … ma?
你 喜 欢 …… 吗？

Wǒ de àihào shì …
我 的 爱 好 是……

附：录音文本和答案
练习3
（1）我叫Tom，我的爱好是音乐。
（2）Tom的爸爸是医生，他的爱好也是音乐。
（3）她是Mary，她不喜欢运动，她的爱好是上网。
（4）Mary的哥哥是画家，他喜欢电脑游戏。
答案：
（1）√　　　　　　　　　（2）√
（3）×　　　　　　　　　（4）×

*　**课堂活动建议**
　　老师做出一个动作，让学生用"他的爱好是……"说出，看谁能最快说出来并且又
很正确，这个学生就可以自己做动作让其他学生说。如老师先做"运动"的样子，学生
应该说"他的爱好是运动"。注意提醒学生尽量使用学过的词语。

（一）名词／名词性词组＋是什么？

第二课讲过用"什么"提问的特殊疑问句，主要是"动词＋什么"。如："你叫什么？""你要什么？""他喜欢什么？"本课学习"名词／名词性词组＋是什么？"如：

　　　你的爱好是什么？

　　　他的工作是什么？

　　　电脑是什么？

这种特殊疑问句用"什么"对句中的名词部分进行提问。

（二）网络产业在中国迅速成长，据2008年底的一份调查表明，中国的网民已达到2.98亿人，上网已成为人们的几大休闲活动之一。其中有名的综合门户网站有新浪、搜狐、网易、中华网等，如有兴趣可上网登陆他们的网站，网址分别如下：www. sina. com，www. sohu. com, www. 163. com, www. china. com。

The internet industry is booming in China. According to a report released at the end of 2008, the number of Chinese internet users had already reached 298 millions. Going online has already become one of Chinese people's biggest free time activities. If you wish to visit them, the following are the most famous sites: www. sina. com, www. sohu. com, www.163. com, www. china. com.

第二十课　你会打网球吗

教学目标

交 际 话 题：谈论运动。

语　言　点：我会打网球。

　　　　　　我不会打篮球。

生　　　词：会　打　网球　篮球　游泳　运动员

汉　　　字：会　打　网　球

一、基本教学步骤及练习要点

（一）和学生复习讨论上一课的内容，问学生有什么爱好。说到运动时，可以用英语询问具体运动项目，引入本课的生词，如网球、篮球、游泳。领读生词，注意纠正发音。

（二）做练习1，通过找图案熟悉生词的发音和意思。

（三）做练习2，认读汉字，进一步熟悉发音和词组的构成：

（1）打＋部分球类；

（2）会＋动词；

（3）不＋会＋动词；

（4）……运动员。

（四）做练习3，通过选择人物配图达到理解的目的，可以反复听录音熟悉"会"的表达方式：

（1）会＋动词（＋名词）；

（2）问句形式可以用：会＋动词（＋名词）＋吗？

（3）否定式为：不＋会＋动词（＋名词）。

（五）做练习4，看图完成对话，目的是让学生逐步学会自己表达，能使用"会……吗？""会……""不会……"。

（六）做练习5，巩固认读并与意思结合，进一步掌握词语和表达。

（七）做练习6，翻译，巩固所学内容，可以进一步让学生自己说句子，请别的同学翻译。

（八）根据情况选做教师用书中的部分练习：练习1、2帮助学生进一步熟悉词语和句型；练习3回答问题，学生根据个人实际情况回答，可分组进行；练习4、5会话，结合以前学过的内容，帮助学生进一步巩固词语和句型的使用。

附：录音文本

（一）练习1

（1）网球　　　　（2）篮球　　　　（3）游泳　　　　（4）打网球

（5）打篮球　　　　（6）运动员

（二）练习3

（1）我叫小红，我喜欢网球，我会打网球。

（2）我叫小海，我不会打网球，我会打篮球。

（3）他是Mike，他会打篮球，他是篮球运动员。

（4）他是Tom，他会游泳，他不会打网球。

二、练习与课堂活动建议

*　练习

（一）把相应的词语和图连在一起。

　　　　　　　　yùndòngchǎng
　　　　　　　　运 动 场

　　　　　　　　yùndòngyuán
　　　　　　　　运 动 员

　　　　　　　　wǎngqiú
　　　　　　　　网 球

　　　　　　　　yóuyǒng
　　　　　　　　游 泳

　　　　　　　　dǎ lánqiú
　　　　　　　　打 篮 球

　　　　　　　　diànnǎo yóuxì
　　　　　　　　电 脑 游 戏

（二）看中文，写英文。

yóuyǒng
（1）游 泳——

lánqiú
（2）篮 球——

huì dǎ wǎngqiú
（3）会 打 网 球——

bú huì dǎ lánqiú
（4）不 会 打 篮 球——

bú shì yùndòngyuán
（5）不是运动员——

lánqiú yùndòngyuán
（6）篮球运动员——

Nǐ shì wǎngqiú yùndòngyuán ma?
（7）你是网球运动员吗？——

（三）朗读句子并回答。

Nǐ huì dǎ wǎngqiú ma?
（1）你会打网球吗？

Nǐ huì dǎ lánqiú ma?
（2）你会打篮球吗？

Nǐ huì yóuyǒng ma?
（3）你会游泳吗？

Nǐ de gēge shì yùndòngyuán ma?
（4）你的哥哥是运动员吗？

Nǐ shàngwǎng ma?
（5）你上网吗？

Nǐ xǐhuan diànnǎo yóuxì ma?
（6）你喜欢电脑游戏吗？

（四）根据下表进行对话。

参考词语：什么、吗、爱好、会、也

√	yīnyuè 音乐	√
	shàngwǎng 上网	√
√	yóuyǒng 游泳	
	dǎwǎngqiú 打网球	
√	dǎlánqiú 打篮球	√

Lìli de àihào shì yīnyuè, Xiǎohǎi de àihào yě shì yīnyuè.
例如：丽丽的爱好是音乐，小海的爱好也是音乐。

（五）完成对话。

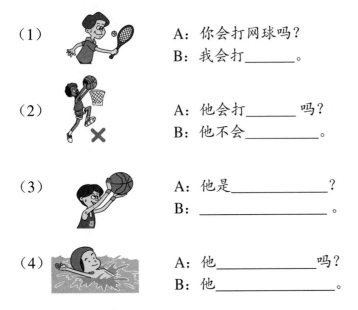

（1）   A：你会打网球吗？

                                B：我会打_____。

（2）   A：他会打_____吗？

                                B：他不会_____。

（3）   A：他是_____？

                                B：_____。

（4）   A：他_____吗？

                                B：他_____。

＊ 课堂活动建议

组建运动队：老师限定时间（如三分钟），让学生在教室内自由走动交谈，目的是组建自己的运动队，要求学生一边谈话一边记录和自己运动爱好相同的人，看谁在规定时间内找到的队员最多。

三、语言点与背景知识提示

能愿动词"会"放在动词前边，表示能够，否定式是"不会"。如："我会游泳，他不会游泳。""他会打网球，我不会打网球。"问句形式可以使用"会……吗？"这类能愿动词还有"能、可以"。能愿动词"会、能、可以、要"放在动词前还可表示愿望，这将在以后的课文中学到。

第二十一课 我天天看电视

教学目标

交 际 话 题：谈论电视、电影。

语 言 点：我天天看电视。
　　　　　　电视节目很好看。

生 　　 词：看　电视　电影　天天　好看
　　　　　　节目

汉 　　 字：看　电　节　目

一、基本教学步骤及练习要点

（一）和学生讨论他们下课以后一般做什么，爱好是什么，鼓励他们用学过的词语表达。注意引出"天天"和"好看"，以便进入本课的学习。领读生词，讲解意思。

（二）做练习1，熟悉生词的发音和意思，把音与义结合起来，结合以前学过的词语，可以提醒学生注意比较。如：今天、天天，电脑、电视、电影，上课开始的讨论可以参考这个练习中的词汇。

（三）做练习2，朗读，把词义和字形联系在一起，进一步熟悉发音和词组的构成。

（四）做练习3，可以反复听录音，熟悉掌握"天天"和"好看"的意思及用法。

（五）做练习4，看图完成句子，目的是让学生逐步学会自己表达。

（六）做练习5，巩固认读并与意思结合，加强认读能力和词语组合能力。

（七）做练习6，翻译，可以结合学过的词语，做更多的翻译练习。

（八）教师用书中的练习可供选做。练习1训练词语搭配；练习2翻译，帮助学生进一步熟悉词语和句型表达；练习3、4训练听力理解和表达运用能力。

附：录音文本

（一）练习1

（1）今天　　　（2）天天　　　（3）电脑　　　（4）电影
（5）电视　　　（6）节目　　　（7）好看　　　（8）上网

（二）练习3

（1）小海：丽丽，你喜欢电影吗？

　　　丽丽：我喜欢，我天天看电影。小海，你呢？

　　　小海：我不喜欢电影，我天天看电视。

（2）Ann：Mike，你想看电视吗？

Mike：我不想看电视，我想去图书馆。Ann，你呢？

Ann：我想看电视，今天的电视节目很好看。

二、练习与课堂活动建议

* 练习

（一）把正确的表达和图配在一起。

kàn diànshì
看 电 视

kàn diànyǐng
看 电 影

diànshì jiémù
电 视 节 目

xiǎomāo hǎokàn
小 猫 好 看

tiāntiān shàngwǎng
天 天 上 网

Jīntiān yǒu Zhōngwénkè.
今 天 有 中 文 课。

（二）看英文说中文。

（1）Chinese film

（2）TV programme

（3）He watches TV every day.

（4）Do you have a Chinese lesson every day?

（5）English films are very interesting.

（6）I have a little cat. My little cat is very nice.

（三）听录音判断正误。

Xiǎohǎi de gēge tiāntiān kàn diànyǐng.
（1）小 海 的 哥 哥 天 天 看 电 影。（　　）

Jīntiān wǒ bú kàn diànyǐng.
（2）今 天 我 不 看 电 影。（　　）

Míngming xǐhuan diànshì jiémù.
（3）明 明 喜 欢 电 视 节 目。（　　）

Wǒ gēge hěn hǎokàn.
（4）我 哥 哥 很 好 看。（　　）

（四）看图说话。

（1）参考词语：喜欢、爱好、天天

（2）参考词语：有、好看、不、喜欢

附：录音文本及答案

练习3

（1）小海的哥哥喜欢电影，他天天看电影。

（2）今天我没有课，我想看电影，我想看中国电影。

（3）小红：明明，电视节目好看吗？

　　　明明：好看，我喜欢。

（4）这是我姐姐，这是我哥哥。我姐姐好看，我哥哥不好看。

答案：

（1）√　　　（2）×　　　（3）√　　　（4）×

*　课堂活动建议

把这一单元或以前单元中的生词卡片拿出来，任意组合，让学生迅速说出一个句子。开始可以是一张，然后加至两张或三张，看谁说得又快又准确。

三、语言点与背景知识提示

（一）量词重叠

量词重叠有"每"的意思。如"天天看电视"就是"每天都看电视"，"个个都是好学生"即为"每个都是好学生"。

（二）好

"好"用在动词前，表示让人满意的性质在哪一方面。如"好看、好听、好吃、好闻"。否定式可以在"好"前加"不"，如"不好看、不好听"。

（三）名词作定语

在汉语里，一个名词可以直接用在另一个名词前作定语，如第十课已经学过的"中文课""英文课"，第十九课的"电脑游戏"和本课的"电视节目""中国电影"等。

（四）会意字

用会意的方法构成的汉字是会意字。会意是把两个或两个以上的字或符号拼在一起，会合成新的意思，可分为同体会意和异体会意两类。同体会意字是由相同的形体组成的，如：二"木"为"林"；三"木"为"森"；三人并列"众"，表示人多。异体会意字是由不同形体组成的，其中多数很像简化了的图画，如：一个人靠在树上，"休"，意思是休息；把人放在四面都是墙壁的处所里，"囚"，意思是拘禁；用刀把物劈成两半，"分"，表示分开；人上加一只眼睛，"见"，表示看见；"日"和"月"在一起，"明"，表示带来光明，等等。

第七单元测验

1. 在听到的词语下面打√。

diànnǎo	diànshì	diànyǐng	lánqiú	wǎngqiú	yóuyǒng	yīnyuè	shàngwǎng
电脑	电视	电影	篮球	网球	游泳	音乐	上网

_____ _____ _____ _____ _____ _____ _____ _____

2. 听后选择。

我				
Tom				
丽丽				

3. 说一说。

　　　　Nǐ de àihào shì shénme?
（1）你 的 爱 好 是 什 么?

　　　　Nǐ xǐhuan shénme yùndòng?
（2）你 喜 欢 什 么 运 动?

　　　　Nǐ tiāntiān kàn diànshì ma?
（3）你 天 天 看 电 视 吗?

4. 把句子和相应的拼音连在一起，然后朗读。

（1）他的爱好是运动。　　　　　　　Gēge shì yóuyǒng yùndòngyuán.

（2）哥哥是游泳运动员。　　　　　　Diànshì jiémù hěn hǎokàn.

（3）他天天上网。　　　　　　　　　Wǒ xǐhuan Zhōngguó diànyǐng.

（4）妈妈不会打篮球。　　　　　　　Tā de àihào shì yùndòng.

（5）电视节目很好看。　　　　　　　Tā tiāntiān shàngwǎng.

（6）我喜欢中国电影。　　　　　　　Māma bú huì dǎ lánqiú.

113

5. 写汉字。

（1）What is your hobby?
你的爱好是＿＿＿＿＿＿＿＿＿？

（2）I see a film.
我＿＿＿＿＿＿＿＿＿＿＿＿影。

（3）His interest is music.
他的爱好是＿＿＿＿＿＿＿＿。

（4）I can play tennis.
我＿＿＿＿＿＿＿＿＿＿＿。

（5）TV programme
＿＿＿＿＿＿视＿＿＿＿＿＿

电视节目表
18:00 教育节目
19:00 新闻联播
19:30 天气预报
19:40 亚洲电影
21:30 体育世界
23:00 欧洲电影

6. 翻译。

A. 把中文翻译成英文。

Zhège diànyǐng hěn hǎokàn.
（1）这 个 电 影 很 好 看。

Tā huì dǎ lánqiú ma?
（2）他 会 打 篮 球 吗?

Nǐ shì wǎngqiú yùndòngyuán ma?
（3）你 是 网 球 运 动 员 吗?

B. 把英文翻译成中文。

（1）What is your hobby?
（2）He watches TV every day.
（3）Today's TV programme is not good.

114

第七单元测验部分答案

1. 在听到的词语下面打√。

电脑　网球　游泳　电影　音乐

2. 听后选择。

录音文本：

（1）我会游泳，我不会打网球。

（2）Tom的爱好是电脑游戏，他天天上网，他也喜欢游泳。

（3）丽丽的爱好是运动，她喜欢游泳，也喜欢电影。

答案：

我			√	
Tom	√		√	
丽丽			√	√

5. 写汉字。

（1）你的爱好是什么？　　　　（2）我看电影。

（3）他的爱好是音乐。　　　　（4）我会打网球。

（5）电视节目

6. 翻译。

B.把英文翻译成中文。

（1）你的爱好是什么？

（2）他天天看电视。

（3）今天的电视节目不好看。

第八单元
交通和旅游

第二十二课　这是火车站

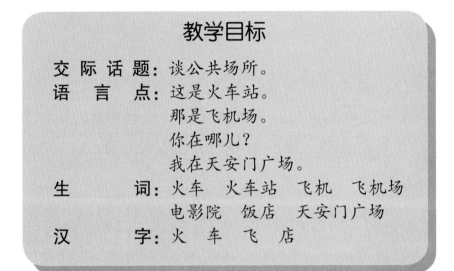

教学目标

交 际 话 题： 谈公共场所。

语　言　点： 这是火车站。

那是飞机场。

你在哪儿？

我在天安门广场。

生　　　　词： 火车　火车站　飞机　飞机场

电影院　饭店　天安门广场

汉　　　　字： 火　车　飞　店

一、基本教学步骤及练习要点

（一）导入：用图片展示5个场所，直接用汉语范读、领读这5个生词，让学生熟悉它们的发音和意义。

（二）做练习1，有意重复处所词语，提醒学生"抓住"主要词语。

（三）做练习2，朗读词语、句子，主要纠正学生的发音，也可以使用卡片等教具，让学生基本领会词语的意思。

（四）做练习3，要求学生把握句子的意思，并注意句型"某人＋去/在＋某处"。

（五）讲解两个基本句型：

（1）这/那＋是＋处所

这是火车站。

那是飞机场。

（2）某人＋在＋某处

我在火车站。

我在飞机场。

（六）做练习4、练习5，练习口头表达基本句型的能力。教师可以用领读、朗读的方式指导学生练习，然后让学生自己根据图示和基本句型进行对话练习。这两个练习都是先给对话的全句，然后给部分提示，最后只出图示，引导学生自己模仿。

（七）做练习6，进一步掌握本课词语。

（八）做练习7，这个综合性的练习可以帮助学生巩固本课的语言点和词语。

（九）根据学生水平，选做教师用书中的练习。

（1）练习1、练习2帮助学生进一步掌握词语和基本句型。

（2）练习3在听力训练中结合了以前学习的处所词语和语言点"去 ＋ 某个处所"，目的是让学生把本课的基本句型"在 ＋ 某处"和学过的"去 ＋ 某处"综合起来理解、练习。

（3）练习4~6包含了一些以前学过的词语和句型，难度略有增加。

附：录音文本

（一）练习1

（1）火车站	（2）飞机场	（3）飞机	（4）电影院
（5）天安门广场	（6）饭店	（7）火车	（8）学校

（二）练习3

（1）A：爸爸，我是丽丽。我在火车站，你在哪儿？
　　B：丽丽，我是爸爸。我在饭店。

（2）A：Tom，这是天安门广场，那是电影院。
　　B：小海，我喜欢电影，我们去电影院。

二、练习与课堂活动建议

＊ 练习

（一）给下列词语注上拼音。

上海火车站		运动场	
天安门广场		北京饭店	
飞机场		电影院	
图书馆			

（二）连线。

This is a cinema.   Nà shì xuéxiào.

This is a hotel.   Nà shì huǒchēzhàn.

This is an airport.   Zhè shì Tiān'ānmén Guǎngchǎng.

This is a railway station.   Nà shì fàndiàn.

This is Tian'anmen Square.   Zhè shì diànyǐngyuàn.

This is a school.   Zhè shì fēijīchǎng.

117

（三）听录音，根据对话说明六个人"在哪儿"和"去哪儿"。

	A	B	C	D	E	F	G

	我在……（I am in/at ...）	我去……（I am going to ...）
丽丽	A	E
Ann		
Mike		
Mary		
小红		
Tom		

（四）根据图画判断正误。

（1）爸爸在饭店。　　　　（　　）

（2）哥哥在电影院。　　　（　　）

（3）我在飞机场。　　　　（　　）

（4）妈妈在天安门广场。　（　　）

（5）姐姐在火车站。　　　（　　）

（五）填写对应的号码。

① 火车站　　　　　（　）fēijīchǎng　　　　　（　）railway station
② 飞机场　　　　　（　）fēijī　　　　　　　　（　）hotel
③ 飞机　　　　　　（　）diànyǐngyuàn　　　（⑦）Tian'anmen Square
④ 电影院　　　　　（　）huǒchēzhàn　　　　（　）airport
⑤ 饭店　　　　（⑦）Tiān'ānmén Guǎngchǎng　（　）cinema
⑥ 火车　　　　　　（　）fàndiàn　　　　　　（　）train
⑦ 天安门广场　　　（　）huǒchē　　　　　　（　）plane

（六）朗读并翻译。

Zhè shì diànyǐngyuàn.　Wǒ zài diànyǐngyuàn kàn diànyǐng.
（1）这是电影院。我在电影院看电影。

Nà shì fēijīchǎng.　Mary zài fēijīchǎng, tā jīntiān qù Shànghǎi.
（2）那是飞机场。Mary 在飞机场，她今天去上海。

Wǒmen zài Tiān'ānmén Guǎngchǎng.　Tiān'ānmén Guǎngchǎng hěn dà.
（3）我们在天安门广场。天安门广场很大。

Nà shì huǒchēzhàn.　Māma zài huǒchēzhàn.　Tā jīntiān qù Xiānggǎng.
（4）那是火车站。妈妈在火车站。她今天去香港。

附：录音文本

（1）我是丽丽，我在飞机场，我去饭店。
（2）我是Ann，我在饭店，我去图书馆。
（3）我是Mike，我在天安门广场，我去火车站。
（4）我是Mary，我在火车站，我去饭店。
（5）我是小红，我在运动场，我去天安门广场。
（6）我是Tom，我在图书馆，我去教室。

＊　课堂活动建议

小组活动：

（一）每人画出自己在什么地方和想去什么地方，然后说出来。如：这是教室，我在教室，我想去运动场。

（二）准备好表示各种场所的卡片，轮流"抽签"。抽到则表示你在某地，互相出示并说出两个组员的信息。如：这是图书馆，Mary在图书馆；那是饭店，丽丽在饭店。

（一）指示代词"这""那"可以用于指代人，如在第四课中"这是我爸爸，那是我妈妈"；也可以指代事物，包括场所，本课是指代场所。

> 这是中文书，那是法文书。（事物——东西）
> 这是图书馆，那是火车站。（事物——场所）

（二）动词"在"

在第三课学习了有动词"在"的句子：处所 ＋ 在 ＋ 某地。

> 我家在北京。

本课学习的也是常用句型：某人 ＋ 在 ＋ 某处所／某地。

> 我在图书馆。
> 爸爸在北京。
> 她不在家。

（三）汉语的"这"和"那"的读音。"这"可以读为 zhè 和 zhèi，"那"可以读为 nà 和 nèi。两种发音意思完全相同。相比而言，zhè 和 nà 正式一些，zhèi 和 nèi 口语化一些。本套教材一律标为前者。

（四）语音练习材料是中国人老幼皆知的一首古诗《春晓》，作者是唐代诗人孟浩然。语句很简洁，有助于声调特别是三声的练习。

（五）北京的飞机场和火车站

北京通往各地的国内、国际航班大部分都在首都机场起落。北京站、北京西站和北京南站是北京的三个大火车站。

Beijing Airports and Railway Stations

Scheduled domestic and international flights from Beijing to all parts of the country and overseas take off from Capital Airport. Beijing Station, Beijing West Station and Beijing South Station are three large railway stations in Beijing.

第二十三课　我坐飞机去

教学目标

交 际 话 题：谈交通工具。
语 言 点：你怎么去上海？
　　　　　我坐飞机去。
生 词：怎么　坐　汽车　汽车站　开车　加拿大
　　　　澳大利亚　广州
汉 字：坐　开　怎　广

一、基本教学步骤及练习要点

（一）导入：通过复习学过的词语导入本课的词语学习。温习上一课刚学过的交通工具的词语"飞机、火车"，引进本课的词语：汽车、开车、坐（飞机、火车）等。温习以前学过的地名"北京""上海""香港"等。

（二）领读生词表之后，做练习1，听词语，熟悉词语的发音和意义。

（三）做练习2，通过朗读词组、句子，让学生逐步熟悉本课的主要词语搭配和句型：

（1）去 + 某处
　　去北京

（2）坐 + 交通工具
　　坐火车

（3）某人 + 坐 + 交通工具 + 去 + 某处。
　　爸爸坐飞机去上海。

（四）做练习3，通过听力引导，训练学生把握基本句型的意思。

（五）讲解基本句型，明确句子的结构特点：

（1）某人 + 怎么（提问方式）+ 去 + 某处？
　　你怎么去上海？

（2）某人 + 坐 + 某种交通工具 + 去（+ 某处）。
　　我坐飞机去（上海）。

（六）做练习4、练习5，训练学生将以上基本句型用于口头表达。练习5在地名上进行了一些扩展，加进了以前学过的地名、处所。教师可以先让学生根据图示回忆词语，然后让学生两人一组根据图示和基本句型问答。

（七）做练习6、练习7，通过认读和翻译练习巩固本课的基本词语搭配，并进一步理解基本句型的结构和意义。

（八）根据学生的水平和掌握情况，选用教师用书中的一些练习穿插进以上各项练习中。
（1）练习1、练习2训练拼音和词语组合；
（2）练习3、练习4把学过的句子通过听、读练习进一步巩固；
（3）练习5则适当综合了一些学过的句型和词语，可提示学生复习。

附：录音文本

（一）练习1
①火车　　②汽车　　③飞机　　④汽车站　　⑤澳大利亚
⑥开车　　⑦加拿大　　⑧广州　　⑨上海　　⑩怎么

（二）练习3
（1）A：爸爸，你怎么去上海？
　　　B：我坐飞机去。
（2）A：妈妈，你怎么去广州？
　　　B：我坐火车去。
（3）A：哥哥，你怎么去加拿大？
　　　B：我开车去。
（4）A：姐姐，你怎么去图书馆？
　　　B：我坐汽车去。

二、练习与课堂活动建议

* 练习

（一）填写拼音。

去北京	去广州	坐火车	去中国
去上海	坐飞机	坐汽车	开车

（二）词语搭配。

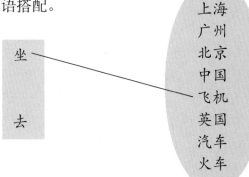

坐

去

上海
广州
北京
中国
飞机
英国
汽车
火车

（三）听录音，根据录音选择词语填空。

（1）爸爸坐_____去_____。

（2）妈妈坐_____去_____。

（3）哥哥_____去_____。

（4）姐姐坐_____去_____。

① Beijing	② train
③ Guangzhou	④ Shanghai
⑤ bus	⑥ drive
⑦ plane	⑧ Canada

（四）根据图画判断正误。

（1）爸爸坐飞机去北京。　　（　　）

（2）妈妈坐飞机去北京。　　（　　）

（3）哥哥开车去图书馆。　　（　　）

（4）姐姐坐汽车去天安门广场。（　　）

（5）我坐汽车去广州。　　　（　　）

123

（五）朗读并翻译。

　　　　　Xiǎohǎi zài Běijīng，　tā xiǎng qù Shànghǎi，　tā zuò huǒchē qù Shànghǎi.
（1）小 海 在 北 京，他 想 去 上 海，他 坐 火 车 去 上 海。

　　　　　Ann　qù　Jiānádà，　tā zuò fēijī qù，　tā xǐhuan zuò　fēijī.
（2）Ann 去 加 拿 大，她 坐 飞 机 去，她 喜 欢 坐 飞 机。

　　　　Zhè shì Běijīng Huǒchēzhàn. Wǒ zài Běijīng Huǒchēzhàn，　wǒ zuò huǒchē qù Xiānggǎng.
（3）这 是 北 京 火 车 站。我 在 北 京 火 车 站，我 坐 火 车 去 香 港。

　　　　　Mike　zài Yīngguó. Tā zuò　fēijī　qù Běijīng，　tā xiǎng qù Tiān'ānmén Guǎngchǎng.
（4）Mike 在 英 国。他 坐 飞 机 去 北 京，他 想 去 天 安 门　广 场。

　　　Xiǎohóng zài jiā，　tā xiǎng qù xuéxiào，　tā zuò　qìchē　qù xuéxiào.
（5）小 红 在 家，她 想 去 学 校，她 坐 汽 车 去 学 校。

附：录音文本
练习3
（1）爸爸怎么去北京？爸爸坐飞机去。
（2）妈妈怎么去上海？妈妈坐汽车去。
（3）哥哥怎么去加拿大？哥哥开车去。
（4）姐姐怎么去广州？姐姐坐火车去。

＊　课堂活动建议
　　小组活动。可以设计各种火车票、汽车票、飞机票等，上面注明不同的目的地、不同的交通工具。每人抽一张票，然后根据票上的信息轮流说自己怎么到某地。如：拿到的是到上海的飞机票，就说"我坐飞机去上海"。第二遍可以加大难度，每人应说出自己和前一个人的出行方式和目的地。如："丽丽坐飞机去广州，我坐火车去北京。"

三、语言点与背景知识提示

（一）用"怎么"询问方式
疑问代词"怎么"可以组成"怎么 + 动词（或词组）"的结构询问方式，如：
　　你怎么去上海？

（二）连动句
　　汉语中的连动句是指用两个（或两个以上）动词（或动词词组）一起构成谓语的句子。连动句中前后两个动词的关系有多种，本课介绍的是前一动词或动词词组表示后一动作的方式。如：
　　我坐火车去（上海）。
　　我们坐飞机去（中国）。
　　我坐汽车去（广州）。

（三）中国主要的公共交通工具

远途的有长途汽车、火车和飞机，火车是使用最多的交通工具。市内交通工具有公共汽车、出租车、地铁等，其中公共汽车最为普遍。

China's Main Means of Transportation

Coaches, trains and airplanes are for distance needed. The train is the most extensively utilized. Of forms of city transportation, including buses, taxis and the underground, buses are the most commonly used.

第二十四课　汽车站在前边

教学目标

交 际 话 题：谈处所的方位。
语 言 点：汽车站在前边。
　　　　　　往前走。
生　　　词：请问　旁边　前（边）　后（边）
　　　　　　左（边）　右（边）　往　走
汉　　　字：前　后　左　右

一、基本教学步骤及练习要点

（一）导入：用演示法表现方位词"前（边）、后（边）、左（边）、右（边）"的含义，可采用以下方式：
（1）做手势；
（2）指着学生说："某人在前边，某人在右边……"；
（3）出示实物或图片，如摆出足球比赛的布阵图，说某人在前边，某人在后边……
（二）做练习1，听方位词，熟悉方位词的发音和意义。
（三）做练习2，朗读词语、词组和句子，让学生一边跟读一边做手势，基本领会词语、词组搭配"往前走""往左走"等和基本句型的意思。
（四）讲解基本句型和语言点：
（1）某处所 ＋ 在 ＋ 某方位
　　　汽车站在前边。
（2）往 ＋ 某方位 ＋ 走
　　　往前走。
（五）做练习3，这段听力材料把上一课的处所词语和本课的方位词，通过基本句型组合起来。要求学生熟悉并理解上述基本句型和语言点。
（六）做练习4、练习5，练习4可以用朗读、教师和学生互相问答的方式进行，练习5则可以让学生组成小组根据图示和基本句型进行练习。完成后，可以鼓励学生根据实际情况引进更多的内容，如：
　　　礼堂在哪儿？医院在哪儿？
　　　运动场在哪儿？教室在哪儿？
（七）做练习6、练习7，这两项练习引导学生进一步掌握本课词语，并通过翻译综合性地训练本课主要的语言点。

（八）根据学生水平，穿插一些教师用书中的练习：

（1）练习1~3帮助学生进一步熟悉词语、基本词组的形音义。

（2）练习4、练习5结合了一些学习过的词语，难度有一定的增加。

（3）练习6在词语和句型上都重现了本单元前面的学习内容，有利于复习、巩固。

附：录音文本

（一）练习1

①左边　　②前　　③左　　④右边　　⑤后

⑥旁边　　⑦后边　　⑧右　　⑨前边　　⑩往

（二）练习3

（1）A：天安门广场在哪儿？

　　　B：天安门广场在前边，往前走。

（2）A：火车站在哪儿？

　　　B：火车站在右边，往右走。

（3）A：汽车站在哪儿？

　　　B：汽车站在左边，往左走。

（4）A：飞机场在哪儿？

　　　B：飞机场在后边。

（5）A：饭店在哪儿？

　　　B：饭店在旁边。

二、练习与课堂活动建议

＊　练习

（一）写出下列词语的拼音。

excuse me		side	
front		to; toward	
back		go; walk	
left		right	

（二）读汉字，找拼音。

往前走 ——— wǎng zuǒ zǒu

往左走 ——— zài yòubian

往右走 ——— wǎng qián zǒu

在左边 ——— zài zuǒbian

在右边 ——— wǎng yòu zǒu

在旁边 ——— zài hòubian

在后边 ——— zài pángbiān

（三）写上相应的号码。

①请问　　　　wǎng　　　　side

②前　　　　zuǒ　　　　walk; go

③后　　　　pángbiān　　　　left

④左　　　　zǒu　　　　front

⑤右　　　　yòu　　　　right

⑥旁边　　　　qián　　　　① excuse me

⑦往　　　　hòu　　　　toward

⑧走　　　　① qǐngwèn　　　　back

（四）听录音，用所给的词语填空。

（1）railway station　　（2）bus station　　（3）airport　　（4）hotel
（5）cinema　　（6）library　　（7）left　　（8）right
（9）front　　（10）back

Mary在_____，她去_____。汽车站在_____。

Tom在_____，他去_____。饭店在_____。

小海在_____，他去_____。电影院在_____。

Mike在_____，他去_____。图书馆在_____。

（五）根据提示，画出处所的位置。

飞机场在前边。

火车站在右边。

汽车站在后边。

饭店在左边。

电影院在旁边。

front

left

（六）朗读并翻译。

Wǒ zài fàndiàn, wǒ xiǎngkàn Zhōngguó diànyǐng. Diànyǐngyuàn zài yòubian, wǒ wǎng yòu zǒu.
（1）我 在 饭店，我 想 看 中国 电影。电影院 在 右边，我 往 右 走。

Jīntiān jiějie yǒu Zhōngwénkè, tā huì kāichē, tā kāichē qù xuéxiào, xuéxiào zài zuǒbian.
（2）今天 姐姐有 中文课，她 会 开车，她 开车 去 学校，学 校 在 左 边。

Bàba zài huǒchēzhàn, jīntiān tā yào qù Guǎngzhōu, tā zuò huǒchē qù. Běijīng hěn
（3）爸 爸 在 火 车 站，今 天 他 要 去 广州，他 坐 火 车 去。北 京 很
lěng, Guǎngzhōu bù lěng.
冷， 广 州 不 冷。

Tǐyùguǎn zài pángbiān, gēge zài tǐyùguǎn dǎ lánqiú. Tā xǐhuan yùndòng, tā tiāntiān
（4）体 育 馆 在 旁 边，哥 哥 在 体 育 馆 打 篮 球。他 喜 欢 运 动，他 天 天
dǎ lánqiú.
打 篮 球。

附：录音文本
练习4
（1）Mary在火车站，她去汽车站。汽车站在左边。
（2）Tom在飞机场，他去饭店。饭店在右边。
（3）小海在饭店，他去电影院。电影院在后边。
（4）Mike在汽车站，他去图书馆。图书馆在前边。

＊ 课堂活动建议
（一）小组活动。画一张所在城市或地区的示意图，标出一些主要的地方，然后设计自己在不同的位置问路，以此进行对话练习。也可以一人上台，向其他同学提问。大家轮流上台，由提问者决定问路人的位置。

（二）小组活动。模仿下列句子，根据实际情况介绍你家旁边的运动场、图书馆、汽车站等场所，可以一边画图一边表达：这是我家。汽车站在前边，电影院在右边，运动场在后边……

三、语言点与背景知识提示

（一）汉语的方位词
方位词是指表达方向和相对位置关系的词，分为单纯方位词和合成方位词。

单纯方位词都是单音节的，如：上、下、左、右、前、后、东、南、西、北等。本课介绍了"前、后、左、右"四个单纯方位词。单纯方位词较少单独使用，可以作为介词或动词"往""向""朝"的宾语，如"往前走""往西看""向后退""朝前看"等。本课中介绍的方位词放在介词"往"的后面作宾语，是指路时常用的方式，如"往南走""往右拐""往前走"等。部分合成方位词在单纯方位词后边加"边"，意思不变。本课在生词表中用括号的形式列出。合成方位词用法较多，可以单独作主语、宾语。如：

前边很多人。

汽车站在前边。

本课介绍的是合成方位词作宾语的句型。

（二）介词"往"

"往"作为介词表示动作的方向。跟方位词、处所词组合，用在动词前。如"往前走""往下看""往右开"等。

（三）形声字

由表示字义类别的偏旁和表示字音的偏旁组成的字叫形声字。汉字中形声字占80%以上。形声字都是合体字，表示字义的偏旁叫形旁，表示字音的偏旁叫声旁。如"爸"，形旁"父"表示"爸"的意思，声旁"巴"代表字音。形声字的形旁、声旁的部位有六类：

左形右声：河、跑

右形左声：期、视

上形下声：爸、药

下形上声：想、架

外形内声：阁、园

内形外声：问、闻

（四）中国的交通规则

中国的交通规则是车辆靠右行驶。在路上和公共场所，行人也靠右行走。

Chinese Traffic Regulations

Chinese traffic regulations require that vehicles drive on the right. On the street and in public places, pedestrians usually walk on the right.

第八单元测验

1. 听录音，判断对错。

2. 说一说。
   （1）看图说话。

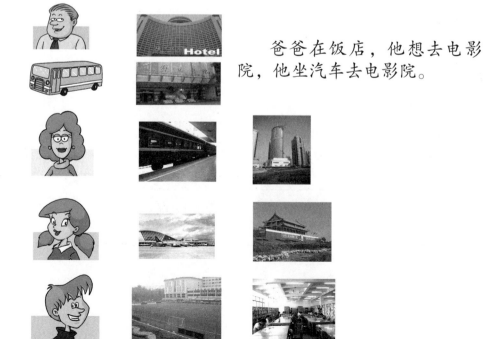

爸爸在饭店，他想去电影院，他坐汽车去电影院。

（2）选择词语介绍你家附近的场所。

túshūguǎn	yùndòngchǎng
图书馆	运动场
fēijīchǎng	yīyuàn
飞机场	医院
diànyǐngyuàn	shāngdiàn
电影院	商店
qìchēzhàn	huǒchēzhàn
汽车站	火车站

zài
在

qián（bian）
前（边）
hòu（bian）
后（边）
zuǒ（bian）
左（边）
yòu（bian）
右（边）
pángbiān
旁边

3. 读汉字，找拼音。

（1）妈妈在饭店。   Zěnme qù Jiānádà?

（2）怎么去加拿大？   Huǒchēzhàn zài pángbiān.

（3）开车去飞机场。   Qìchēzhàn zài qiánbian.

（4）坐飞机去广州。   Kāichē qù fēijīchǎng.

（5）汽车站在前边。   Māma zài fàndiàn.

（6）火车站在旁边。   Zuò fēijī qù Guǎngzhōu.

4. 英汉对照。

（1）Beijing Hotel   天安门广场

（2）Tian'anmen Square   北京饭店

（3）railway station   火车站

（4）by bus   飞机场

（5）drive   开车

（6）excuse me   坐汽车

（7）airport   走

（8）go; walk   请问

5. 根据英文写汉字。

（1）by train   （2）drive   （3）plane   （4）left

_____   _____   _____   _____

（5）right   （6）front   （7）back

_____   _____   _____

6. 把中文翻译成英文。

（1）请问，汽车站在哪儿？
Qǐngwèn, qìchēzhàn zài nǎr?

（2）汽车站在前边，往前走。
Qìchēzhàn zài qiánbian, wǎng qián zǒu.

（3）哥哥想去电影院，他开车去。
Gēge xiǎng qù diànyǐngyuàn, tā kāichē qù.

（4）这是汽车站，那是火车站，我坐火车去广州。
Zhè shì qìchēzhàn, nà shì huǒchēzhàn, wǒ zuò huǒchē qù Guǎngzhōu.

第八单元测验部分答案

1. 听录音，判断对错。

录音文本：

小海在火车站，他坐火车去上海。

Mary 在飞机场，她坐飞机去北京。

Tom 在汽车站，他坐汽车去图书馆。

Ann 在飞机场，她坐飞机去加拿大。

Mike 在饭店，他坐汽车去天安门广场。

丽丽在学校，她坐汽车去电影院。

答案：

×	√	×	×	√	×

3. 读汉字，找拼音。

（1）妈妈在饭店。　　　　　　　　Zěnme qù Jiānádà?

（2）怎么去加拿大？　　　　　　　Huǒchēzhàn zài pángbiān.

（3）开车去飞机场。　　　　　　　Qìchēzhàn zài qiánbian.

（4）坐飞机去广州。　　　　　　　Kāichē qù fēijīchǎng.

（5）汽车站在前边。　　　　　　　Māma zài fàndiàn.

（6）火车站在旁边。　　　　　　　Zuò fēijī qù Guǎngzhōu.

4. 英汉对照。

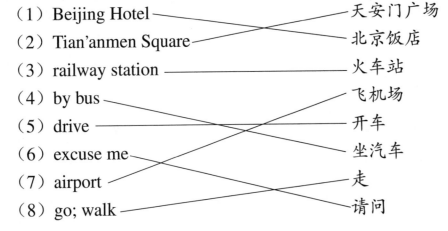

（1）Beijing Hotel　　　　　　　天安门广场

（2）Tian'anmen Square　　　　　北京饭店

（3）railway station　　　　　　　火车站

（4）by bus　　　　　　　　　　飞机场

（5）drive　　　　　　　　　　开车

（6）excuse me　　　　　　　　坐汽车

（7）airport　　　　　　　　　走

（8）go; walk　　　　　　　　　请问

1-4 妈 mā 6画

1-5 小 xiǎo 3画

1-4 他 tā 5画

1-5 只 zhī 5画

1-3 京 jīng 8画

1-4 那 nà 6画

1-3 北 běi 5画

1-4 这 zhè 7画

1-8　水　shuǐ　4画

1-9　米　mǐ　6画

1-8　要　yào　9画

1-9　也　yě　3画

1-7　牛　niú　4画

1-8　茶　chá　9画

1-7　吃　chī　6画

1-8　汽　qì　7画

图 tú 8画
几 jǐ 2画
去 qù 5画
现 xiàn 8画
生 shēng 5画
管 guǎn 11画
学 xué 8画
书 shū 4画

1-14　月　4画　yuè

1-15　天　4画　tiān

1-14　日　4画　rì

1-15　今　4画　jīn

1-13　半　5画　bàn

1-14　多　6画　suì

1-13　点　9画　diǎn

1-14　叨　5画　hào

1-16　师　6画　shī

1-17　米　4画　zhǎng

1-16　晒　9画　shì

1-17　教　10画　xiào

1-15　热　10画　rè

1-16　画　8画　huà

1-15　冷　7画　lěng

1-16　工　3画　gōng

1-18　想　13画　xiǎng

1-19　么　3画　me

1-18　您　11画　nín

1-19　什　4画　shén

1-17　机　6画　jī

1-18　做　11画　zuò

1-17　院　9画　yuàn

1-18　吧　7画　ba

后 6画 hòu

前 9画 qián

广 3画 guǎng

有 5画 yǒu

怎 9画 zěn

左 5画 zuǒ